A DEMOCRACIA NO CONTEXTO DAS ESCOLAS RESTAURATIVAS
DEFESA E PROMOÇÃO DOS DIREITOS HUMANOS

Editora Appris Ltda.
1.ª Edição - Copyright© 2024 dos autores
Direitos de Edição Reservados à Editora Appris Ltda.

Nenhuma parte desta obra poderá ser utilizada indevidamente, sem estar de acordo com a Lei nº 9.610/98. Se incorreções forem encontradas, serão de exclusiva responsabilidade de seus organizadores. Foi realizado o Depósito Legal na Fundação Biblioteca Nacional, de acordo com as Leis nos 10.994, de 14/12/2004, e 12.192, de 14/01/2010.

Catalogação na Fonte
Elaborado por: Dayanne Leal Souza
Bibliotecária CRB 9/2162

D383d 2024	A Democracia no contexto das escolas restaurativas: defesa e promoção dos direitos humanos / Cezar Bueno de Lima, Andréa Luiza Curralinho Braga (orgs.). – 1. ed. – Curitiba: Appris, 2024. 132 p. : il. ; 23 cm. – (Coleção Ciências Sociais). Vários autores. Inclui referências. ISBN 978-65-250-6943-2 1. Democracia. 2. Direitos humanos. 3. Educação. I. Braga, Andréa Luiza Curralinho Braga. II. Lima, Cezar Bueno de. III. Título. IV. Série. CDD – 321.8

Livro de acordo com a normalização técnica da ABNT

Appris
editora

Editora e Livraria Appris Ltda.
Av. Manoel Ribas, 2265 – Mercês
Curitiba/PR – CEP: 80810-002
Tel. (41) 3156 - 4731
www.editoraappris.com.br

Printed in Brazil
Impresso no Brasil

Cezar Bueno de Lima
Andréa Luiza Curralinho Braga
(org.)

A DEMOCRACIA NO CONTEXTO DAS ESCOLAS RESTAURATIVAS
DEFESA E PROMOÇÃO DOS DIREITOS HUMANOS

Appris editora

Curitiba, PR
2024

FICHA TÉCNICA

EDITORIAL	Augusto Coelho
	Sara C. de Andrade Coelho

COMITÊ EDITORIAL

- Ana El Achkar (Universo/RJ)
- Andréa Barbosa Gouveia (UFPR)
- Antonio Evangelista de Souza Netto (PUC-SP)
- Belinda Cunha (UFPB)
- Délton Winter de Carvalho (FMP)
- Edson da Silva (UFVJM)
- Eliete Correia dos Santos (UEPB)
- Erineu Foerste (Ufes)
- Fabiano Santos (UERJ-IESP)
- Francinete Fernandes de Sousa (UEPB)
- Francisco Carlos Duarte (PUCPR)
- Francisco de Assis (Fiam-Faam-SP-Brasil)
- Gláucia Figueiredo (UNIPAMPA/ UDELAR)
- Jacques de Lima Ferreira (UNOESC)
- Jean Carlos Gonçalves (UFPR)
- José Wálter Nunes (UnB)
- Junia de Vilhena (PUC-RIO)
- Lucas Mesquita (UNILA)
- Márcia Gonçalves (Unitau)
- Maria Aparecida Barbosa (USP)
- Maria Margarida de Andrade (Umack)
- Marilda A. Behrens (PUCPR)
- Marília Andrade Torales Campos (UFPR)
- Marli Caetano
- Patrícia L. Torres (PUCPR)
- Paula Costa Mosca Macedo (UNIFESP)
- Ramon Blanco (UNILA)
- Roberta Ecleide Kelly (NEPE)
- Roque Ismael da Costa Güllich (UFFS)
- Sergio Gomes (UFRJ)
- Tiago Gagliano Pinto Alberto (PUCPR)
- Toni Reis (UP)
- Valdomiro de Oliveira (UFPR)

SUPERVISORA EDITORIAL	Renata C. Lopes
PRODUÇÃO EDITORIAL	Adrielli de Almeida
DIAGRAMAÇÃO	Amélia Lopes
CAPA	Kananda Ferreira
REVISÃO DE PROVA	William Rodrigues

COMITÊ CIENTÍFICO DA COLEÇÃO CIÊNCIAS SOCIAIS

DIREÇÃO CIENTÍFICA Fabiano Santos (UERJ-IESP)

CONSULTORES

- Alícia Ferreira Gonçalves (UFPB)
- Artur Perrusi (UFPB)
- Carlos Xavier de Azevedo Netto (UFPB)
- Charles Pessanha (UFRJ)
- Flávio Munhoz Sofiati (UFG)
- Elisandro Pires Frigo (UFPR-Palotina)
- Gabriel Augusto Miranda Setti (UnB)
- Helcimara de Souza Telles (UFMG)
- Iraneide Soares da Silva (UFC-UFPI)
- João Feres Junior (Uerj)
- Jordão Horta Nunes (UFG)
- José Henrique Artigas de Godoy (UFPB)
- Josilene Pinheiro Mariz (UFCG)
- Leticia Andrade (UEMS)
- Luiz Gonzaga Teixeira (USP)
- Marcelo Almeida Peloggio (UFC)
- Maurício Novaes Souza (IF Sudeste-MG)
- Michelle Sato Frigo (UFPR-Palotina)
- Revalino Freitas (UFG)
- Simone Wolff (UEL)

PREFÁCIO

Democracia, escolas restaurativas e Direitos Humanos, palavras-chave do título deste livro, não se constituem em simples palavras, mas, sobretudo, nos significados da interação destes dizeres. É desta interação, não apenas objetiva, mas também dos seus múltiplos significados subjetivos, que trata este livro. Democracia na perspectiva de dar voz não apenas às pessoas consideradas "iguais", mas também às diferenças; as escolas restaurativas como local de assim se fazer e de ensinar, os Direitos Humanos como resultado a ser atingido com esta ação. Portanto, trata-se de uma bela obra.

Esta obra chega com uma proposta inovadora, de sugerir caminhos para a superação de uma realidade triste, ainda considerada "normal", presente nas periferias urbanas brasileiras: a criminalização de pessoas jovens, pobres e negras que se apresentam com um perfil que se distancia do padrão burguês de ser "normal". Isto tudo por haver um distanciamento entre a luta pela sobrevivência individual e os preceitos institucionais e jurídicos de onde tem origem a criminalização das diferenças sociais. De um lado, a partir do preceito da racionalidade moderna, a condição do ser "normal" ou "igual" se atribui à pessoa que se apresenta produtiva, funcional, ativa e que mostra evolução. Assim, na perspectiva burguesa, no contexto social e institucional, o "ser" normal de uma pessoa é ter vínculos institucionais, na escola, no trabalho, na Igreja, laços familiares, etc. Mas, na verdade, a realidade da luta pela vida na periferia urbana brasileira, na condição de individualidade, sem vínculos institucionais, não se alia com esses preceitos e se constitui de aventuras, e, portanto, da produção da condição de vulnerabilidade, com perdas da autonomia pessoal quanto a decisões em relação ao fazer para sobreviver. Esta condição de vulnerabilidade pode se constituir caminhos para o que se considera agir fora das regras institucionais.

Mas, por outro lado, o agir jurídico institucional com a perspectiva positiva e funcional, sem a capacidade do olhar para além do que se vê imediatamente, associa o agir fora das regras institucionais, o dito "crime" a um fazer puramente individual e não a possibilidade de se constituir numa construção também coletiva e social. Como diz Ulrich Beck, no livro Sociedade de Risco rumo a uma outra modernidade (p. 30) "As instituições operam com categorias juridicamente estabelecidas de "biografias" padrão cada vez mais distantes da realidade". Portanto, é deste distanciamento entre a realidade da vida da periferia urbana e o agir institucional no controle social, que se tem a explicação de tantos jovens pobres, negros e demais diferenças em condições de prisão. E é justamente no contexto deste distanciamento entre o mundo institucional e jurídico de controle social e a realidade da luta pela vida individualizada na condição de pobreza e vulnerabilidade social, que esta obra se encaixa. Esta obra aponta novos caminhos na solução desta triste realidade na busca pela plenitude dos Direitos Humanos, focando prioritariamente o universo escolar, enquanto lugar onde mais se apresenta a comunidade, mas sem esquecer outros universos, como é o caso da prisão.

No todo deste livro, em seus diferentes capítulos, a análise desta temática, de forma interdisciplinar, se centraliza na intercessão entre a Escola Restaurativa, Democracia e Direitos Humanos, a partir da implementação da justiça restaurativa. Ao iniciar, nos primeiros capítulos, apresenta-se uma análise mais conceitual e teórica enveredando, nos demais capítulos, para análises de diferentes e belas experiências de práticas restaurativas, especialmente no mundo escolar. Portanto, a proposta que este livro apresenta diz respeito à implementação das práticas restaurativas na perspectiva de restaurar o mal causado às vítimas, famílias e comunidades pela criminalização da pobreza, começando pela escola sem esquecer outros universos.

Assim, com contundência, no primeiro capítulo intitulado "As Práticas restaurativas como indutoras da Democracia Deliberativa e da cultura dos Direitos Humanos no espaço escolar", de autoria de Cézar Bueno de Lima, questiona-se a hegemonia pedagógica da punição, da culpabilização e da atribuição do castigo na escola, assim como no espaço social ou na própria prisão. Neste primeiro capítulo Cézar Bueno de Lima dedica-se a um foco teórico e conceitual da justiça e das práticas restaurativas na perspectiva dos Direitos Humanos. No segundo capítulo, intitulado "Teoria da democracia deliberativa: Contribuições para a análise contemporânea e atuação na perspectiva da gestão democrática" de autoria de Andréa Luiza Curralinho Braga, dedica-se à teorização e à conceitualização do termo democracia e sua intercessão com as práticas restaurativas. Assim, conforme a análise realizada neste capítulo, processo democrático, enquanto mecanismo de participação da população no processo de tomada de decisões políticas, se constitui de um caminho da prática restaurativa. O terceiro capítulo, intitulado "Aspectos da comunicação não violenta para facilitação de diálogos e manejo de conflitos em organizações", de autoria de Célia Aparecida Bernardes da Silva, foca no poder da comunicação não violenta como aspecto primordial como prática restaurativa. No quarto capítulo, intitulado "As práticas restaurativas na construção da escola enquanto ambiente seguro", de autoria de Raimunda Caldas, focaliza-se o papel das práticas restaurativas na perspectiva de tornar a escola um ambiente seguro. O quinto capítulo, intitulado "Práticas Restaurativas e Cultura da Paz: Transformando uma comunidade educativa" de autoria de Bruna Tibolla analisa concretamente uma experiência de uma escola no pensar a cultura da paz e as vivências restaurativas. O objeto de análise do sexto capítulo intitulado "Implantação do modelo restaurativo em uma escola social marista na periferia de São Paulo", de autoria de Roberto Lucas Junior, diz respeito também à ação restaurativa do dentro de uma escola, focando mais explicitamente na compreensão do que caracteriza uma escola com modelo restaurativo, a metodologia desta ação e os seus impactos. Em relação ao sétimo capítulo intitulado "Práticas restaurativas e experiências: constituindo uma escola restaurativa", de autoria de Márcia Regina Soares, também com um foco do dentro da escola, analisa o processo da implantação de práticas restaurativas no ambiente escolar com foco no manejo não violento de conflitos. O oitavo capítulo intitulado "Práticas Restaurativas na educação: Estratégias e caminhos em rede para efetivação de direitos de crianças e adolescentes" de autoria de Hemerson Moreira Gonçalves, analisa as estratégias e os caminhos em rede para a efetivação de práticas restaurativas com foco no atendimento dos Direitos Humanos de crianças e adolescentes. O capítulo nove, intitulado "A Escrita que mora em mim: uma abordagem restaurativa da narrativa de mulheres em privação de liberdade", de autoria de Jane Hir, análise a prática restaurativa no mundo prisional com análise de uma bela experiência com o ensino da escrita, como prática restaurativa, numa penitenciária feminina do Paraná.

Portanto, ao longo deste livro, análises consistentes se apresentam da intercessão entre Democracia, escolas restaurativas e direitos humanos com a prática da ação restaurativa, partindo de um universo teórico conceitual às belas experiências desta ação no interior das escolas, no mundo social, assim como no mundo prisional.

Lindomar Wessler Boneti

Cientista Social, Doutor (PhD) em Sociologia pela Université Laval/Québec no Canadá e Pós-Doutorado no Departamento de Ciências da Educação da Université de Fribourg. Professor e Pesquisador do Curso de Ciências Sociais, do Programa de Pós-Graduação em Educação e do Programa de Pós-Graduação em Direitos Humanos e Políticas Públicas da Pontifícia Universidade Católica do Paraná

SUMÁRIO

INTRODUÇÃO 11

CAPÍTULO 1
AS PRÁTICAS RESTAURATIVAS COMO INDUTORAS DA DEMOCRACIA DELIBERATIVA E DA CULTURA DOS DIREITOS HUMANOS NO ESPAÇO ESCOLAR 15
Cezar Bueno de Lima

CAPÍTULO 2
TEORIA DA DEMOCRACIA DELIBERATIVA: CONTRIBUIÇÕES PARA A ANÁLISE CONTEMPORÂNEA 27
Andréa Luiza Curralinho Braga

CAPÍTULO 3
ASPECTOS DA COMUNICAÇÃO NÃO VIOLENTA PARA FACILITAÇÃO DE DIÁLOGOS E MANEJO DE CONFLITOS EM ORGANIZAÇÕES 45
Célia Aparecida Bernardes da Silva

CAPÍTULO 4
AS PRÁTICAS RESTAURATIVAS NA CONSTRUÇÃO DA ESCOLA ENQUANTO AMBIENTE SEGURO 57
Raimunda Caldas Barbosa

CAPÍTULO 5
PRÁTICAS RESTAURATIVAS E CULTURA DA PAZ: TRANSFORMANDO UMA COMUNIDADE EDUCATIVA 73
Bruna Tibolla

CAPÍTULO 6
IMPLANTAÇÃO DO MODELO RESTAURATIVO EM UMA ESCOLA SOCIAL NA PERIFERIA DE SÃO PAULO DURANTE A PANDEMIA DA COVID-19 87
Roberto Lucas Junior

CAPÍTULO 7
PRÁTICAS RESTAURATIVAS E EXPERIÊNCIAS: CONSTITUINDO UMA ESCOLA RESTAURATIVA 95
Márcia Regina Nogueira Soares

CAPÍTULO 8
PRÁTICAS RESTAURATIVAS NA EDUCAÇÃO: ESTRATÉGIAS E CAMINHOS EM REDE PARA EFETIVAÇÃO DE DIREITOS DE CRIANÇAS E ADOLESCENTES 105
Emerson Moreira Gonçalves

CAPÍTULO 9
A ESCRITA QUE MORA EM MIM: UMA ABORDAGEM RESTAURATIVA DA NARRATIVA DE MULHERES EM PRIVAÇÃO DE LIBERDADE 115
Jane Cleide Alves Hir

SOBRE OS AUTORES 129

INTRODUÇÃO

A apresentação deste livro "A Democracia no contexto das Escolas Restaurativas com Enfoque em Direitos Humanos"[1] insere-se no contexto de esforços reflexivos e iniciativas empíricas interdisciplinares de estabelecer relações teórico-metodológicas que atribuam importância crucial à pesquisa-ação no sentido de vincular, na teoria e na prática, a produção de saberes e itinerários educativos comprometidos com a democracia participativa e deliberativa, com os Direitos Humanos e com as práticas restaurativas. Esta última podendo, inclusive, ser pensada como estratégia de aplicação para muito além da gestão pacífica de conflitos no espaço escolar, mas de contribuir para o aprofundamento democrático nos processos decisórios e na superação da cultura da vingança punitiva.

Do ponto de vista teórico mais amplo, é possível afirmar que todos/as autores/as desta obra estão alinhados à teoria crítica, cuja posse de conhecimento/profissão está, por assim dizer, direcionada e comprometida em pensar e agir na defesa das classes sociais subalternas, cujo repertório de vida tem sido marcado pelo drama da sujeição econômica, das múltiplas formas de enfrentamento às violências e da negação de direitos sociais básicos, incluindo o direito e acesso a um sistema educacional democrático de qualidade, laico e socialmente referenciado que lhes possa desvendar perspectivas reais de inversão do brutal processo de violência e exclusão que vulnerabiliza, violenta e mata.

O primeiro aspecto da crítica é a negação da hegemonia político-pedagógica da punição, da culpabilização e da atribuição do castigo ou pena individual, na escola ou na prisão, como resposta para enquadrar os fora da lei ou responder à pauta meritocrática neoliberal que, ilusoriamente, idolatra o gênio e pune o fracasso. As práticas restaurativas estão alinhadas a valores restaurativos. Primeiro, admite a inevitabilidade do conflito e advoga a convicção de que podemos errar e, muitas vezes erramos. Porém, jamais postulamos a pedagogia da culpa, da punição e da retribuição individual como critério legítimo e eficaz para equacionar um conflito. Por quê? Sabemos de antemão, que a violência gera violência. Não se educa disseminando o medo e fazendo apologia moral ao sofrimento.

---

[1] Este livro é resultado da conclusão do curso de Especialização à distância Escolas Restaurativas com Enfoque em Direitos Humanos ofertado pela PUCPR no período de 2018-2020.

O segundo aspecto enfatiza que as práticas restaurativas estão alicerçadas a princípios valorativos que recomendam colocar o problema e não a pessoa no centro de um processo com vistas à resolução de um conflito. Postula o entendimento de que um conflito jamais se limita à ação de duas pessoas (infrator x vítima). Em regra, quem sofre agressão física ou simbólica estende o sofrimento aos familiares, aos colegas da escola, aos amigos do bairro, etc. A mesma lógica se aplica à figura do agressor. Assim, é preciso entender que a solução de um conflito demanda genuinamente um processo comunitário de envolvimento direto das pessoas afetadas. Longe do conceito ambíguo de punição e desejo de vingança, as práticas restaurativas recomendam observar duas premissas básicas: responsabilidade individual e responsabilidade coletiva. Ou seja, o processo restaurativo de manejo do conflito é orientado pela necessidade de restaurar os danos causados a outrem, e quando não for possível fazê-lo, minimizar o sofrimento da parte ofendida, incluindo o reconhecimento do erro e o pedido sincero de perdão por parte do ofensor. Tudo isso, mediante a participação, o debate e o consentimento das pessoas que, de alguma forma, foram atingidas pela ocorrência de um ato ou comportamento indesejado, mas que precisam superar esse conflito e continuar o livre curso de suas vidas na comunidade.

O terceiro ponto relativo às práticas restaurativas demostra o imperativo do envolvimento comunitário. Isso requer participação coletiva e a quebra do poder verticalizado, visando permitir a emergência de soluções horizontais na discussão, encaminhamento e composição não violenta dos conflitos. O percurso restaurativo, além de valorizar o imperativo da democracia participativa/deliberativa, questiona o monopólio do conhecimento e do poder de perícia (carreiras universitárias) atribuído a advogados, promotores, juízes togados etc., na solução dos conflitos. O fato de a multidão estar desprovida de diploma universitário não significa, em absoluto, afirmar que esta esteja desprovida da posse de sensibilidade e de outras formas de conhecimento e noções de verdade/justiça capazes de oferecer soluções legítimas e eficazes aos conflitos na comunidade (na escola, no bairro, na cidade).

O quarto ponto ressalta que a solução de conflito interpessoal e coletivo na escola ou no território também diz respeito aos Direitos Humanos. Na medida em que o problema e não as pessoas é colocado no centro da pedagogia restaurativa e que as premissas da responsabilização individual e coletiva precisam ser consideradas no manejo pacífico de um determinado conflito, os Direitos Humanos entram em cena. Muitas vezes, compreender os motivos e as condições que levam uma pessoa a causar danos ou agressões a outra impõe-nos considerar e inquirir quais dimensões dos direitos civis, políticos, econômicos, sociais e culturais podem concorrer como disparadores de um ato de agressão numa relação interpessoal ou coletiva. É possível admitir que uma criança, um adolescente, um jovem, um adulto ou uma pessoa idosa, antes de desferir atos de agressão e de violação do direito de outra alguém, tenha sofrido inúmeras situações de violação de seus próprios direitos. Desconsiderar ou omitir a complexidade dos fatores que, no cotidiano de nossas vidas, precisam ser levados em conta no processo de gestão dos conflitos, significa tão somente, limitar-se à solução punitiva e rotuladora dos problemas que persistem no cotidiano da escola, das famílias e do território.

O núcleo das reflexões, estudos e experiências empíricas nos territórios ressalta a importância do comprometimento das instituições educacionais e dos/as educadores/as em sensibilizar e estabelecer, a partir do chão da escola, estratégias de gestão pacífica de conflitos e a partilha de itinerários socioeducativos abertos, democráticos, plurais e alinhados à defesa e promoção dos Direitos Humanos. O caminho da afirmação de uma escola restaurativa com enfoque em Direitos Humanos nos tira da zona tradicional de lidar com os problemas, principalmente, quando insistimos em alimentar a crença irracional nos efeitos corretivos da punição e do castigo, atualizando mentalidades e práticas verticalizadoras e excludentes. É tempo de pensar e experimentar valores, estudos e práticas interventivas que reconheçam a complexidade da vida em sociedade e na escola, assim como a inevitabilidade dos conflitos, priorizando o diálogo e ações horizontais que possam restaurar danos, sentimentos e laços sociais rompidos, assim como, abrir caminho para a construção de uma sociedade democrática, livre e igualitária.

Cezar Bueno de Lima

Andrea Luiza Curralinho Braga

(organizadores)

Capítulo 1

AS PRÁTICAS RESTAURATIVAS COMO INDUTORAS DA DEMOCRACIA DELIBERATIVA E DA CULTURA DOS DIREITOS HUMANOS NO ESPAÇO ESCOLAR

Cezar Bueno de Lima

INTRODUÇÃO

Este texto ressalta a importância da análise entre as práticas restaurativas e os Direitos Humanos para pensar a relação entre teoria e prática nas Ciências Sociais pressupondo, por um lado, a opção por uma determinada abordagem teórica e, por outro, a utilização de recursos metodológicos com foco na pesquisa-acão. O texto inicia com uma breve reflexão sobre a passagem da justiça restaurativa às práticas restaurativas, seguido de reflexões contextualizadas acerca da democracia participativa/deliberativa e, por fim, associando tais reflexões aos Direitos Humanos. O desafio da abordagem relacional entre práticas restaurativas, democracia deliberativa e direitos humanos é pensar e oferecer estratégias educativas de gestão horizontal dos conflitos e da construção de itinerários socioeducativos de reconhecimento e promoção dos Direitos Humanos no espaço escolar.

JUSTIÇA RESTAURATIVA: CONSIDERAÇÕES INTRODUTÓRIAS

Para diversos autores, a expressão justiça restaurativa vem sendo utilizada desde 1977 para definir a agressão (crime) como um tipo de violação que reporta simultaneamente às figuras do agressor, da vítima e da comunidade, cuja solução deve levar em conta o "compromisso de restaurar o mal causado às vítimas, famílias e comunidades". Este modelo de solução de conflitos opõe-se, portanto, ao direito penal que considera o "crime uma conduta típica, ilícita e culpável que atenta contra bens e interesses penalmente tutelados" para efeito de culpabilização e punição (prisão) (PRUDENTE; SABADELL, 2008, p. 51).

Diante de evidências que resultam em inflação carcerária, reincidência criminal e etiquetamento prisional no sistema de justiça criminal, a Organização das Nações Unidas (ONU, 2002) buscou estabelecer e encorajar diversos países a adotarem princípios e métodos de justiça restaurativa como forma de restaurar o dano causado à vítima, sem estigmatizar a figura do agressor. O objetivo das políticas jurídico-restaurativas é alcançar melhores resultados via "mediação, conciliação, reunião familiar ou comunitária, círculos decisórios". E, ainda, "atender as necessidades individuais e coletivas e responsabilidade das partes, bem como, promover a reintegração da vítima e ofensor" (PRUDENTE; SABADELL, 2008, p. 51).

Quanto ao empoderamento das partes em litígio, prevê-se que estas se disponham espontaneamente a levar seus conflitos e participar dos procedimentos informais restaurativos em espaços comunitários com a presença de mediadores/facilitadores, distantes do peso e ritual solene que configuram a arquitetura do Judiciário. O acordo restaurativo pode ser obtido mediante a utilização de técnicas de mediação, conciliação, transação, entre outras. Em relação ao objeto da justiça restaurativa, esta, em oposição à lógica de funcionamento do direito penal tradicional, não conceitua o crime "como fato bruto, nem a reação social, [e tampouco] a pessoa do delinquente", mas interessa sobre "as *consequências do crime* e as relações sociais afetadas pela conduta" (PRUDENTE; SABADELL, 2008, p. 52-53).

No tocante aos conflitos que demandam a intervenção do Poder Judiciário, os modelos restaurativos de resolução dos conflitos buscam subverter lógicas monopolizadoras que têm possibilitado "a manutenção da Justiça como figura burocrática, [...] opressora [e] legitimadora de um suposto Estado de Direito" (SALM; LEAL, 2012, p. 197-200).

A preocupação da justiça restaurativa neste caso é

> [...] transformar os espaços decisórios em cenários menos burocráticos [de tal modo que o Estado] deixa de ser o órgão central da estrutura social e regulatória, para se tornar, na melhor das hipóteses, contribuinte de uma dinâmica sócio e culturalmente construída de emancipação e sociabilidade. (SALM; LEAL, 2012, p. 197).

A exigência de redefinição dos espaços decisórios mostra que a justiça restaurativa valoriza o exercício de "práticas democráticas [que exigem] organizações [...] democráticas". De acordo com a perspectiva dos autores, não é possível enquadrar os modelos restaurativos de solução de conflitos dentro da arquitetura "do poder estatal [e tampouco] falar em espaços restaurativos algemando pessoas" (SALM; LEAL, 2012, p. 196). A justiça restaurativa propõe, em certa medida, ressignificar o conceito de crime e transferir parte do poder penal de decidir às partes (vítima, infrator e comunidade) até então ignoradas pelas relações verticalizadas de poder e saber de perícia que caracterizam o funcionamento da justiça criminal, na expectativa de democratizar as estruturas de funcionamento do Poder Judiciário.

Apesar de a justiça restaurativa representar uma nova perspectiva de interpretar aquilo que o direito penal define como crime e propugnar a individualização aos autores acusados de atos infracionais, é importante ressaltar os limites de adoção dos conceitos e métodos de aplicação da justiça restaurativa, principalmente, quando estão em causa outras instituições cujos objetivos e modelos de funcionamento diferem daqueles que caracterizam o sistema de justiça criminal e a estrutura de organização do Poder Judiciário.

DA JUSTIÇA RESTAURATIVA ÀS PRÁTICAS RESTAURATIVAS

Em relação ao sistema de justiça criminal (Direito Penal, Polícia, Ministério Público, Judiciário, Sistema Penitenciário), é possível afirmar que tem sido educado para lidar com as noções formais e abstratas de crime, criminoso, pena, prisão, etc., e orientado para agir conforme a pedagogia jurídico-penal retributiva e individualizante da pena. É preciso reconhecer, no entanto, que diferentes instituições, como as educacionais, por exemplo, estão ligadas a percursos político-pedagógicos orientados por exigências de formação educacional, profissional e moral de crianças, adolescentes, jovens e adultos.

Como instituição formal de controle, o papel do sistema da justiça criminal é intervir e retirar de circulação determinadas pessoas que violam a lei e cometem crimes contra outras pessoas e a sociedade, enquanto o da instituição escolar é, ao contrário, educá-las e prepará-las para o convívio social, para a cidadania, incluindo a transmissão de saberes para exercício de alguma profissão. No caso das instituições educacionais, outro aspecto relevante é que a difusão de conhecimentos técnico-científicos deve incorporar valores sociais pautados por princípios democráticos e plurais, de modo que o exercício pleno da cidadania atribua o mesmo valor e importância às noções de liberdade, direito à diferença e superação da desigualdade.

Entretanto, se, num primeiro momento, a instituição escolar não demanda os mesmos objetivos em relação ao sistema de justiça criminal e, tampouco, lida com os mesmos sujeitos que demandam a intervenção penal do Estado, por que ligar uma coisa à outra?

Embora estas indagações não comportem respostas definitivas, um dos objetivos aqui pretendidos é chamar atenção para a tendência de expansão das formas de saber fazer constitutivas do sistema de justiça criminal, subordinado às noções formais de crime, criminoso, culpa, resposta retributiva e individualizante da pena, ao cotidiano das instituições educacionais nas sociedades contemporâneas. No campo das ciências sociais, os doutrinadores e operadores do sistema de justiça criminal costumam invocar o antigo preceito filosófico e a-histórico do livre arbítrio ou, na atual conjuntura influenciada pelo paradigma neoliberal, a teoria da escolha racional, ora como fundamento para julgar e responsabilizar criminalmente uma pessoa, ora para imputar o dogma da meritocracia como justificativa para premiar talentos e punir fracassos.

Contudo, quando se depara com a persistência das desigualdades sociais e o destino da juventude pobre acometida por vulnerabilidades econômicas e psicossociais, o complexo político-penal encarcerador assume contornos dramáticos. A tendência de criminalização da questão social, sobretudo quando se observam os perfis dos sujeitos que alimentam as cifras de encarceramento e outras formas de controle a céu aberto, mostra o quanto a política de criminalização da pobreza transformou o aparato policial e penal do Estado em protagonista de primeira ordem da paisagem urbana.

Nas sociedades contemporâneas, o paradigma penal culpabilizador está sempre pronto a converter os problemas indesejados em crimes e fazer com que a vontade punitiva e individualizante do castigo sirva como referência hegemônica à solução de conflitos em outros domínios, incluindo o campo educacional. Quando isso ocorre, escreve Souza (2017), estamos diante de

> [...] formas de organização e funcionamento análogos à prisão. [Em muitas situações] a escola vivenciada pelos sujeitos pesquisados é um instrumento de controle, penalização e distinção. [Uma instituição que] centraliza aprendizagem em detrimento das dimensões fundamentais dos seres humanos,

> ignora a historicidade dos sujeitos, as condições materiais e psicossociais de sua existência e os entornos escolares onde estes sujeitos se encontram em constante embate. (SOUZA, 2017, p. 167).

Pelo fato de as instituições educacionais utilizarem mecanismos formais de controle, como conselhos de classe, sistemas formais de avaliação ou, ainda, como já foi dito, a crença meritocrática como critério para premiar talentos e punir fracassos, tais instituições correm o risco de produzir, entre os estudantes, efeitos análogos ao modelo de funcionamento da justiça penal.

Entretanto, considerando que os princípios e objetivos da escola estão voltados a itinerários educativos orientados por princípios de formação humanística e ao exercício da cidadania, torna-se imperioso refutar, em primeiro lugar, a tentação de importar modelos mentais punitivos e culpabilizadores para as instituições educacionais e, em segundo lugar, evitar a judicialização dos conflitos interindividuais e coletivos no cotidiano da escola.

DA INDISSOCIABILIDADE ENTRE PRÁTICAS RESTAURATIVAS E DEMOCRACIA DELIBERATIVA

A reivindicação de direitos e ações comprometidas em reinventar a sociedade e a democracia, escreve Bourdieu, significa ter em mente que as sociedades contemporâneas

> [...] se apresentam como espaços sociais, isto é, estruturas de diferenças que não podemos compreender verdadeiramente a não ser construindo o princípio gerador que funda essas diferenças na objetividade. [O princípio gerador refere-se à] estrutura da distribuição das formas de poder ou dos tipos de capital eficientes no universo social considerado. (BOURDIEU, 2007, p. 50).

No caso da democracia, Michelini e Romero (2012, p. 102), a definem como um sistema político ou forma de vida cujos problemas teóricos e práticos estão em processo de transformação constante. No caso da democracia representativa, os autores mencionam a "colonização do sistema democrático pelo poder econômico e pelos meios de comunicação hegemônicos". O descrédito na política e na democracia representativa estão associados à globalização econômico-financeira, à expansão da desigualdade social, à diversidade e interculturalidade, a recaídas antidemocráticas e à incapacidade de os "procedimentos democráticos", em especial, do elitismo democrático, reduzirem a resposta aos problemas elencados com base na "agregação de preferências e interesses". Em face desse contexto, qual o lugar e o papel da democracia deliberativa?

Aqui é preciso refletir sobre duas concepções de democracia deliberativa. A primeira defende que ela repousa na noção de consenso entre indivíduos livres e racionais convidados, voluntariamente, a participar e decidir em um determinado fórum/arena deliberativa com foco num problema existente, cuja decisão vencedora é aquela em que houve participação e consenso sobre o melhor argumento (racional) produzido. Essa concepção de democracia deliberativa oblitera a "percepção de desigualdades profundas, ocultando o modo como o consenso racional pode reproduzir anseios de grupos dominantes" (MENDONÇA, 2013, p. 53).

A segunda concepção afirma que a política se fundamenta em relações de interesse, conflito e poder e, por isso, questiona o modelo de *consenso fundado na razão* e na possibilidade de "expandir o conceito de política [e de cooperação] para além da luta de interesses". Segundo Mendonça (2013, p. 54), é preciso analisar a democracia deliberativa como "processo político que se opõe à naturalização das assimetrias" e enfatizar que as pessoas não ingressam em condições de igualdade na esfera pública/arena deliberativa. Essa concepção de democracia e de poder interfere no âmbito das práticas restaurativas.

No que concerne às práticas restaurativas, afirmam Salm e Leal (2012), a potencialidade do poder é "gerada pela associação, não pela força" e, como consequência, pressupõe a reconstrução do "paradigma de justiça a partir da participação do poder". O pressuposto da participação popular é acrescido da importância da democracia deliberativa como fator de visibilidade ao "empoderamento dos indivíduos produtores de saberes a respeito de suas próprias vidas e da comunidade na qual se inserem". Todos os conhecimentos, científico-acadêmicos ou não, tornam-se relevantes, "reconhecidos" e utilizáveis na "arena decisória compartilhada da coprodução de sociabilidade, de histórias e de justiça" (MORRISON *apud* SALM; LEAL, 2012, p. 197). No tocante à abrangência territorial, o foco das práticas restaurativas é a microssociedade que se constitui nas escolas, nas instituições públicas, nas famílias e nas comunidades.

O reconhecimento do poder como atributo das relações reforça a importância de processos aliados a iniciativas coletivas de prevenção, mediação de conflitos e conquista de direitos que favoreçam a reversão da desigualdade. Entende-se que o processo de conquista e efetivação de direitos, no sentido da real emancipação humana, não ocorre por decreto, isto é, pelo mero estabelecimento de sistemas normativos, mas devido à participação ativa de sujeitos e grupos sociais na luta e defesa dos direitos humanos e capazes de potencializar a efetivação de tais direitos por meio de políticas públicas que incidam na vida concreta dos sujeitos.

O ativismo democrático de base comunitária, que aprega o envolvimento direto da comunidade local e a descentralização do poder, é concebido como estratégia de revitalização das práticas de aprendizagem e de corresponsabilização da comunidade na escolha dos procedimentos que irão incidir nas decisões sociojurídicas de reparação dos conflitos sem, contudo, excluir iniciativas democráticas e intervenção sensibilizadora por parte das autoridades estatais.

Em relação aos estudos de caso em torno das instituições educacionais e seus respectivos territórios, para fins do desenvolvimento da pesquisa-ação com foco nas práticas restaurativas, escreve Tavares (2013), é preciso atentar para o "contexto da relação entre ativismo e deliberação" em territórios marcadamente desiguais e conflituosos. No cotidiano da microrrealidade social nem todas as pessoas ingressam com as mesmas condições devido à apropriação e distribuição diferencial de capitais econômico, político, educacional. Logo, os fóruns deliberativos, incluindo os círculos restaurativos, não estão alheios à construção seletiva de *pautas politicamente relevantes* que podem engendrar discursos de invisibilidade e processos políticos de exclusão contra pessoas e grupos sociais historicamente vulnerabilizados (negros, povos originários, mulheres, gays etc.) (TAVARES, 2013, p. 62-64). Nestes termos, acrescenta Mendonça (2013, p. 51), o papel da democracia deliberativa não é fazer apologia das sociedades democráticas, mas compreendê-las e, por meio de uma práxis social, "subverter experiências opressivas" oriundas das relações de dominação.

A cultura da participação deliberativa pode ajudar, em quaisquer circunstâncias, incluindo as situações marcadas por relações de conflito/violência, a estabelecer valores e ações que reforcem saberes e práticas voltados à pedagogia da restauração individual e/ou coletiva via reparação de danos, restabelecimento dos laços sociais quebrados e redução do sofrimento. A construção de espaços sociais abertos à participação, ao diálogo e à deliberação resulta na coprodução coletiva de saberes e estratégias de mediação e gestão de conflitos no cotidiano das instituições.

Isso implica o desafio da construção de uma sensibilidade coletiva a respeito de como ver, lidar e resolver os conflitos interindividuais e coletivos, distante da cultura que apregoa a vingança, a punição, o banimento físico e a segregação social, reportando à urgência de instituir, via práxis educativa, uma cultura sensibilizadora dos Direitos Humanos.

PRÁTICAS RESTAURATIVAS E DEMOCRACIA DELIBERATIVA COMO ESTRATÉGIA EDUCATIVA DE AFIRMAÇÃO DOS DIREITOS HUMANOS

Nos países ocidentais, priorizando a realidade socioeconômica e política dos países latino-americanos, como o Brasil, é preciso pensar os direitos humanos como um conceito aberto, em disputa e que envolve diferentes projetos de sociedade. A noção abstrata de liberdade civil e política não projeta "direitos sobre as dimensões econômicas, sociais, étnicas e culturais de uma sociedade construída sob a égide de quatro séculos de latifúndio e escravidão", dominação econômica externa e golpe civil-militar (ESCRIVÃO FILHO; SOUSA JUNIOR, 2016, p. 79).

A elaboração da declaração universal dos direitos humanos, por exemplo, ocorreu sem a participação da maioria dos países. De acordo com Santos (1997, p. 19-21), o "direito coletivo à autodeterminação [...] foi restringido aos povos subjugados pelo colonialismo europeu"; a prioridade dos direitos civis e políticos sobre os econômicos, sociais e culturais perdurou por muito tempo; o "reconhecimento do direito à propriedade" foi considerado há anos "o primeiro e [...] único direito econômico". É bom lembrar que essas noções restritivas de direitos humanos encontram resistências e lutas promovidas por Organizações Não-Governamentais (ONGs), sindicatos, partidos políticos e movimentos sociais propondo "diálogos interculturais sob a forma de discursos contra-hegemônicos".

A indagação que problematiza quem foram os humanos signatários da primeira geração de direitos humanos (direitos civis e políticos) abre-se espaço para pensar o quanto a modernidade ocidental operou a "redução do conhecimento à ciência, da política ao Estado, e do direito à lei" (ESCRIVÃO FILHO; SOUSA JUNIOR, 2016, p. 14). A crítica à teoria do direito natural e ao jusnaturalismo possibilita mostrar que os direitos humanos não são "revelados pela razão" e, tampouco, apenas aqueles protegidos pela ordem legal imposta pelo Estado. Se essa concepção fosse correta, os direitos humanos que estão situados do lado de fora de uma determinada ordem legal porque "ainda não tiveram força econômica, política e social para emergir ante um sistema de opressão em determinada sociedade [...] são sequer considerados direitos, ao passo em que as lutas emergentes pela sua conquista passam a ser consideradas ilegais". Os autores chamam a atenção para o fato de o aparato estatal e social hegemônico criar uma ilusão imobilizadora, ao reduzir os direitos humanos à sua dimensão "jurídico-estatal, seja por meio de políticas públicas ou por meio de decisões judiciais" (ESCRIVÃO FILHO; SOUSA JUNIOR, 2016, p. 26-27).

Do ponto de vista da teoria crítica, a reflexão e a práxis atinente aos Direitos Humanos estão inseridas no contexto sócio-histórico e político de cada formação social. Os processos de conquista e materialização das diferentes dimensões dos Direitos Humanos estão diretamente relacionados à capacidade organizativa e das lutas cotidianas demandadas pelos sindicados, movimentos sociais, ONGs e partidos políticos. O quadro abaixo ilustra o processo sócio-histórico de luta e reconhecimento dos Direitos Humanos.

Quadro 1 - Descritivo das diferentes dimensões dos Direitos Humanos

SONAMUH SOTIEREID	Direitos civis	Direitos à/ao
		Vida
		Liberdade de consciência e de crença
		Livre pensamento
		Intimidade, vida privada, honra
		Residência como asilo inviolável
		Contra ilegalidade ou abuso de poder
		Integridade física e moral (preso)
		Registro civil e certidão de óbito (gratuitos)
	Direitos políticos	Participação no poder (governo e sociedade)
		Soberania popular (voto, plebiscito, referendo, iniciativa popular)
		Manifestações políticas
		Organizar partidos
		Votar e ser votado
	Direitos sociais	Educação
		Saúde
		Alimentação
		Trabalho
		Moradia
		Transporte
		Lazer
		Segurança
		Previdência social, roteção à maternidade e à infância, assistência aos desamparados
	Direitos econômicos	Produção, distribuição e consumo da riqueza
		Liberdade de escolha de trabalho
		Renumeração justa, sem distinção de sexo (homens e mulheres) Higiene, segurança, promoção (por desempenho e tempo de serviço), fundar sindicato, fazer greve
		Segurança social
	Direitos Culturais	Reconhecimento da identidade do indivíduo e aproveitamento de suas qualidades
		Acesso às fontes da cultura nacional (bens de natureza material e imaterial)
		Diversidade étnica e regional
		Manifestações das culturas populares, indígenas e afro-brasileiras
		Educação e formação de qualidade que respeite plenamente sua identidade cultural

Fonte: LIMA, 2020, p. 738

Atualmente, dentre as normativas internacionais vigentes e que versam sobre os Direitos Humanos, a Declaração de Viena (1993, art. 5) disponibiliza uma percepção contemporânea progressista sobre o tema ao afirmar que os Direitos Humanos "são universais, indivisíveis, interdependentes e inter-relacionados". O quadro acima é uma iniciativa teórico-metodológica que contribuir para ilustrar as três dimensões em questão.

Considerações Finais

Diante do contexto econômico, político e sociocultural marcado pelo aprofundamento da desigualdade social, da violência e da falta de legitimidade das instituições oficiais, incluindo o ceticismo professado por muitos adolescentes e jovens quanto à capacidade da escola em oferecer perspectivas de uma sociedade mais livre, igualitária, democrática e propensa à gestão e resolução não violenta dos conflitos nos diferentes espaços da vida social.

É preciso ressaltar o papel das instituições universitárias na formulação de estudos e pesquisas empíricas capazes de oferecer aportes teórico-metodológicos efetivos que reverberem na melhoria da qualidade do ensino e realização de projetos de vida de adolescentes e jovens, em especial, aqueles/as que frequentam as escolas públicas da periferia urbana. Afinal, a perspectiva de construção de estratégias pacíficas de solução de conflitos está condicionada ao direito de cada adolescente e jovem de usufruir de uma vida digna, refratária à pedagogia do medo e da violência. A realização desse imperativo depende de políticas públicas de inclusão socioprofissional via obtenção de capital escolar.

Nessa direção, estudos e pesquisas empíricas realizadas no âmbito do Programa de Pós-Graduação em Direitos Humanos e Políticas Públicas (PPGDH) e ao Núcleo de Direitos Humanos da PUCPR buscam estabelecer aportes teórico-metodológicos focados na pesquisa-ação e aproximar a universidade das escolas do ensino médio, ofertar cursos de capacitação e desenvolver indicadores sociais de gestão pacífica dos conflitos, prevenção da violência e promoção dos direitos humanos nos âmbitos escolar e comunitário.

Referências

ESCRIVÃO FILHO, Antônio; SOUSA JUNIOR, José Geraldo de. **Para um debate teórico conceitual e político sobre os direitos humanos**. Belo Horizonte: D'Plácido, 2016.

LIMA, Cezar Bueno de. Violência juvenil: o desafio das práticas restaurativas no espaço escolar. Porto Alegre. **Revista Brasileira de Política e Administração da Educação (RBPAE)**, v. 36, n. 2, p. 731-749, mai./ago. 2020.

MENDONÇA, Ricardo Fabrino. Teoria crítica e democracia deliberativa: diálogos instáveis. **Opinião Pública**, Campinas, v. 19, n. 1, p. 49-64, jun. 2013.

MICHELINI, Dorando J; ROMERO, Eduardo O. Deliberación y política: notas sobre la teoría de la democracia deliberativa y la política de liberación.**Conjectura**, v. 17, n. 1, p. 101-138, jan./abr. 2012.

ONU. **Declaração e Programa de Ação de Viena**: Conferência Mundial sobre Direitos Humanos. jun. 1993. Disponível em: http://www.direitoshumanos.usp.br/index.php/Sistema-Global.- Declara%C3%A7%C3%B5es-e-Tratados-Internacionais-deProte%C3%A7%C3%A3o/declaracao-e-programa-de-acao-de-viena.html. Acesso em: 9 abr. 2019.

ONU. Organização das Nações Unidas. **Resolução 2002/12**. Princípios básicos para utilização de programas de justiça restaurativa em matéria criminal. Disponível em: http://www.justica21.org.br/j21.php?id=366&pg=0#.Uzxgf6hdV9U. Acesso em: 2 abr. 2014.

PRUDENTE, Neemias M.; SABADELL, Ana L. Mudanças de paradigmas: justiça restaurativa. **Revista Jurídica Cesuram**, Maringá, v. 8, n. 1, p. 49-62, jan./jun. 2008.

SALM, João; LEAL, Jackson da Silva. A Justiça Restaurativa: multidimensionalidade humana e seu convidado de honra. **Revista Sequência**, n. 64, p. 195-226, 2012.

SOUZA, Luciano A. de. **Criminalidade juvenil**: significados e sentidos para reincidência em medidas socioeducativas de internação no estado do Paraná. Dissertação (Mestrado em Planejamento e Governança Pública) – Programa de Pós-Graduação em Planejamento e Governança Pública, Universidade Tecnológica Federal do Paraná, Curitiba, 2016.

TAVARES, Francisco M. Machado. **Para além da democracia deliberativa**: uma crítica marxista à política habermasiana. Tese (Doutorado em Ciência Política) – Programa de Pós-Graduação em Ciências Sociais da Universidade Federal de Minas Gerais, Belo Horizonte, 2013.

Capítulo 2

TEORIA DA DEMOCRACIA DELIBERATIVA: CONTRIBUIÇÕES PARA A ANÁLISE CONTEMPORÂNEA

Andréa Luiza Curralinho Braga

INTRODUÇÃO

O termo democracia perpassa por revisão de múltiplos conceitos e significados a partir de seu itinerário histórico. Na análise de Bava (2005, p. 18), mencionar que a democracia é conceito em aberto não significa dizer que o termo não tem um conteúdo comum e aspectos centrais. Desse modo, como conceito geral, o termo democracia indica a criação de mecanismos para a participação da população (de forma ampliada, ou restrita: direta, indireta ou semidireta), no processo de tomada de decisões políticas, ou seja, tem como princípio o que é comum a todos.

O conceito de democracia surgiu na Grécia antiga (mas suas práticas ocorrem desde primórdios civilizatórios) e tem como exemplo clássico Atenas, tendo em seu sentido etimológico *demo* (povo) e *kratein* (governar). A designação desse conceito não permite definir de forma nítida sobre o que era o governo do povo, pois nem todos os habitantes da *pólis* (cidades--estados) eram considerados como parte do "povo", exemplo à exclusão de todos aqueles que se dedicavam a tarefas físicas ou materiais, como mulheres, escravos, entre outros.

Desse modo, o que é trazido como elemento histórico no debate sobre democracia:

> [...] é se o governo do povo é designado para determinados sujeitos que têm maior habilidade para pensar sobre a vida pública, ou, a compreensão mais ampliada de que a política é um assunto para que todos sejam igualmente componentes. (SAES, 1997, p. 41).

O presente artigo pretende debater sobre o estado da arte da democracia que perpassa a democracia representativa, democracia participativa e a concepção de democracia deliberativa e a análise crítica sobre este modelo, apresentando perspectivas teóricas e analíticas.

DEMOCRACIA E SEUS MÚLTIPLOS MODELOS

Para Saes (1997), a democracia é um padrão de organização interna das atividades estatais, cabíveis a qualquer tipo de sistema político, como o escravista, o asiático, o feudal e o burguês (SAES, p. 22-23). Assim, se de um lado a democracia é um padrão de organização interna das atividades burocráticas, de outro, na visão de Saes (1997), ela é plausível em qualquer tipo histórico de Estado.

Com referência ao que é denominado de democracia moderna, o seu início é indicado no século XVII, pautado nos ideais iluministas e na valorização da cultura grega, sendo elaboradas as primeiras formulações teóricas sobre o conceito. Citam-se alguns pensadores que influenciaram a estruturação do pensamento democrático moderno, como Montesquieu (1993), na geografização da política e na separação dos poderes, nas constituições como leis que expressam a política relacionada à obra *O espírito das leis*; Rousseau (1989), na formulação teórica sobre a sociedade fundada por corpos constituintes (o povo, o parlamento, a justiça, o governo), indicados na obra *Contrato social*; Locke (2001), que afirma que as leis deveriam ser expressões da vontade geral da sociedade, referente às ideias principais do livro *Dois tratados de governo*.

Esses teóricos tinham em mente a prática de um sistema capaz de impedir a consolidação de um poder absoluto, diferenciada dos regimes monárquicos, na formulação de outro desenho de governo, que seria institucionalizada com a proposta da República. A idealização desse modelo de governo previa a grande influência na formação do Estado liberal e a organização da democracia moderna.

O desenvolvimento da democracia moderna processou-se no seio das revoluções burguesas, na formação do pensamento liberal, que embora se respalde nos ideais da democracia grega, a concepção e a forma distanciam-se das concepções de participação coletivas iniciais. Os princípios da democracia moderna pautam-se em um Estado constitucional de garantias das liberdades individuais, de um governo representativo, no qual a sociedade delega a um representante o direito de representá-la, avigorando que a representação é a primeira grande diferença entre a democracia antiga e a democracia moderna.

Para Bonavides, as principais bases, pautadas na democracia moderna, caracterizam-se na:

> [...] soberania popular, o sufrágio universal, a observância constitucional, o princípio da separação dos poderes, a igualdade de todos perante a lei, a manifesta adesão ao princípio da fraternidade social, a representação como base das instituições políticas, limitação de prerrogativas dos governantes, Estado de Direito, temporariedade dos mandatos eletivos, direitos e possibilidades de representação, bem como das minorias nacionais, onde estas porventura existirem. (BONAVIDES, 2006, p. 294).

Outra concepção de destaque, na democracia moderna, está relacionada à obra de Tocqueville (1998), *A Democracia na América*, na qual o autor empreende um conjunto de estudos acerca das condições para o seu exercício. Em sua análise, aborda sobre a realidade americana anglo-saxã imersa no contexto político mundial do século XIX e tem como pano de fundo compreender os elementos gerados pela Revolução Francesa, em comparação às possibilidades de democracia que se instauravam na América.

As reflexões de Tocqueville (1998) mostram a valorização pelo sufrágio universal, na defesa de que os indivíduos deverão ter acesso, pelo voto, à escolha de representantes e à garantia e limitação da rotatividade do poder. Essa concepção tem a defesa de que a vontade da maioria constitui a verdadeira força de um Estado Democrático. No entanto, o autor faz uma ressalva sobre a tirania da maioria, para que se tome cuidado e a vontade da maioria não se torne a ditadura da minoria.

Outro pensador de evidência no pensamento sobre a democracia moderna é Schumpeter (1984), que fala sobre a teoria competitiva da democracia (ou teoria minimalista da democracia, ou ainda teoria econômica da democracia), desenvolvida no livro *Capitalismo, Socialismo e Democracia*.

A teoria shumpeteriana realiza crítica à democracia liberal e indica que a vontade geral não pode ser definida, pois na sociedade existem conflitos de interesses. Além disso, afirma que pela complexidade do Estado e pela abrangência das variáveis envolvidas, faltaria ao cidadão comum conhecimento sobre política e, portanto, este não teria capacidade de decidir racionalmente sobre essas questões.

A argumentação de Schumpeter (1984) leva à conclusão de que por essas limitações, a doutrina clássica da democracia não pode ser implementada, ao contrário do que os teóricos da democracia moderna pensavam, a democracia não poderia ser considerada como um ideal, mas como um arranjo específico para se tomar decisões.

Nesse sentido, deve ser entendido que:

> A democracia é um método político, ou seja, certo tipo de arranjo institucional para se alcançarem decisões políticas legislativas e administrativas, e portanto não pode ser um fim em si mesma, não importando as decisões que produza sob condições históricas dadas. (SCHUMPETER, 1984, p. 304).

Logo, nessa concepção, o cidadão comum não pode governar e a ele cabe apenas aceitar ou rejeitar o governo que se coloca, o que diferenciaria, na concepção schumpeteriana, que o método democrático materializa-se na competição do poder e na disputa de cargos políticos, como, por exemplo, a ausência de representação de grupos minoritários.

Por esse motivo, as teorias mais recentes de democracia defendem um formato participativo que seja capaz de evidenciar as realidades locais e as situações específicas.

Assim, ao buscar analisar a democracia na contemporaneidade, é relevante observar que sua construção carrega em si a organização dos elementos estabelecidos historicamente e que refletem na dimensão da democracia contemporânea e suas disposições, tanto pautada no modelo ateniense (formas diretas), quanto no modelo da democracia liberal (representativa) e novos arranjos, num contínuo processo de composições e organização dos sistemas de democratização.

TEORIA DEMOCRÁTICA DELIBERATIVA E SUAS CONTRAPOSIÇÕES

Na última década, houve a insurgência de novos debates em todo o mundo a respeito de como revigorar e aprofundar os processos democráticos participativos, os quais emergem como resposta às democracias representativas e indicam novas possibilidades de práticas e reflexões teóricas relacionadas aos processos democráticos.

Nos países de democracia avançada, Gaventa (2004) explicita que há uma grande inquietação sobre os rumos da democracia:

> Os cidadãos estão se distanciando das instituições representativas tradicionais, à medida que grupos de interesse ganham controle sobre essas instâncias e que a participação passa a ser impulsionada mais pela lógica do consumo do que uma postura ativa de cidadania. (GAVENTA, 2004, p. 7).

O termo democracia participativo surge na década de 1970, em oposição ao modelo denominado democracia liberal, tendo como principal base teórica as concepções schumpeterianas. A proposta de democracia participativa tem como centralidade o avanço da democracia e da participação popular.

Para Beras (2009), remetendo-se às concepções analíticas de Macpherson, o autor menciona que são quatro as pré-condições básicas da democracia participativa: (i) mudança da consciência popular: de consumidor para executor de suas decisões políticas – sentimento de comunidade; (ii) diminuição da desigualdade econômica e social; (iii) estímulo de procedimentos associativos – inserção em organizações coletivas; (iv) ênfase do ônus social do crescimento do capitalismo.

De forma complementar, podem-se citar outros teóricos que buscam penetrar na concepção democrática participativa, alegando a necessidade de uma sociedade participativa, nos processos de democratização dos sistemas políticos de forma ampliada em todas as áreas (PATEMAN, 1992; MACPHERSON, 1977; FUNG; WRIGHT, 2003).

A democracia participativa possui também, entre suas prerrogativas, uma função educativa, que decorre do desenvolvimento da participação e a qualifica, pois o cidadão aprende a ser democrático por meio de suas experiências e vivências, que possibilitam a discussão e a decisão em se construir conhecimento e ter posicionamento de intervir enquanto coletividade política. Além disso, há ainda a qualidade de precisão de uma sociedade participativa, na democratização dos sistemas políticos em oportunizar processos democráticos ampliados em todas as áreas (BERAS, 2009, p. 26).

Como aprofundamento analítico da democracia participativa, surge um novo modelo teórico, trazendo novos elementos de apreciação sobre a democracia participativa, denominado democracia deliberativa.

Os teóricos da democracia deliberativa têm em seus precursores Jonh Rawls (1971), que fomenta o princípio de justiça e equidade, e as ideias de Jürgen Habermas (1987), principalmente pautado no conceito da ação comunicativa. Entre os teóricos dessa corrente, também se cita Joshua Cohen (1997), que trata do processo de deliberação institucional, analisando que a democracia deliberativa está ligada ao ideal intuitivo de uma associação democrática, na qual a definição dos termos e condições da associação precede por argumentos públicos e pelo raciocínio de cidadãos iguais (1997, p. 21).

Para Cohen (1998), os postulados que caracterizam o procedimento democrático deliberativo são: (i) os processos de deliberação realizam-se de forma argumentativa, ou seja, pelo intercâmbio regulado de informações e razões entre partes que a introduzem, e, criticamente, examinam propostas; (ii) as deliberações são inclusivas e públicas. Ninguém pode, a princípio, ser excluído. Todos aqueles que serão afetados terão chances iguais para entrar e dela fazer parte; (iii) deliberações estão livres de qualquer coerção externa – os participantes são soberanos à medida que só se encontram vinculados aos pressupostos de comunicação e regras regimentais; (iv) as deliberações estão livres de coerção interna – cada um que participa tem a oportunidade igual de ser ouvido; (v) a tomada de posição é motivada pela força dos melhores argumentos (COHEN, 1998 *apud* FARIA, 2000, p. 50).

Verifica-se que apesar de o conceito da democracia deliberativa advir da noção de democracia participativa, há diferenças que enfatizam tais entendimentos, sendo reelaboradas as seguintes concepções na democracia deliberativa, indicadas por Beras (2010): (i) sessão de um espaço decisório ampliado de participação no poder público; (ii) repasse de informações técnicas do Estado para o conhecimento da comunidade; (iii) afirma-se como central a diversidade sociocultural dos atores.

Os teóricos da democracia deliberativa argumentam que as decisões coletivas são autênticas quando produzidas de deliberação pública, que tem como preponderância a participação dos cidadãos em igualdade. Sobre a proposta de deliberação, caracteriza-se por iniciativas no sentido de incluir grupos marginalizados, ou ignorados do processo de decisão, na busca de consenso para resolver questões, ou relações em que há desacordo.

Ainda, cita-se, na análise do modelo deliberativo, a concepção de Bohman (1996) sobre a democracia deliberativa dialógica. Essa visão indica como as instituições públicas podem tornar-se mais democráticas, pela qualificação dos métodos e das condições de promoção do debate, que abarcam a discussão e persuasão para a síntese no consenso (BOHMAN, 1996, p. 2).

Para Bohman, a deliberação se propaga "[...] em um processo dialógico, de intercâmbio de razões, cujo objetivo é solucionar situações problemáticas, que não seriam resolvidas sem a coordenação e a cooperação impessoal" (BOHMAN, 1996, p. 22).

Mesmo com a concepção da democracia deliberativa, considerada um dos modelos avançados de análise da democracia moderna com interpretações complementares, surge uma nova proposta a esse arquétipo, que realiza novidade de exames, sobretudo na contraposição e crítica aos enfoques de Rawls e Habermas.

Esse novo entendimento é trazido por Chantal Mouffe (2003), que sugere o modelo agonístico de democracia, sendo definida como democracia radical e plural. Basicamente, a democracia, nessa perspectiva, indica a existência de relações de poder e a necessidade de transformá-las, enquanto se renuncia à ilusão de que se pode livrar completamente do poder, aceita-se que as relações de poder são constitutivas do social, então a questão principal da política democrática não é como eliminar o poder, mas como constituir formas de poder combinadas com os valores democráticos (MOUFFE, 2003, p. 14).

A crítica de Mouffe (2000) aos deliberacionistas tem como elemento central que tais teóricos buscam a eliminação das relações de poder na política a partir do princípio do consenso para a tomada de decisões. Para a autora, a eliminação do conflito é uma impossibilidade, uma vez que esse se fundamenta na própria dimensão ontológica do político. Mouffe (2003), em linhas gerais, faz suas críticas a dois postulados deliberativos, tendo como elemento central o exame que a autora enfatiza sobre:

> a) A busca de assegurar o vínculo entre a democracia e o liberalismo, refutando todas as tentativas teóricas que insistem na natureza contraditória da democracia liberal. Ambos os autores buscam conciliar, em última análise, segundo Mouffe (2003), a liberdade dos antigos com a liberdade dos modernos;
>
> b) A crença compartilhada em relação à produção de uma forma de racionalidade que não seja meramente instrumental, mas que se afirme ela própria como uma dimensão normativa do social. (MOUFFE, 2003, p. 23).

Na análise de Mouffe, em um aparelho político democrático, os conflitos e os confrontos, longe de serem sinais de imperfeição, indicam que a democracia está latente e encontra-se habitada pelo pluralismo. A autora ainda argumenta que os conflitos são elementos centrais que podem oxigenar a democracia, desde que mediados por princípios democráticos, com um pluralismo democrático agonístico (MOUFFE, 2003).

Na teoria agônica, a ideia essencial é a transformação das relações antagônicas em agônicas, ou seja, a substituição da categoria de inimigos pela de adversários, como arenas de lutas institucionalizadas. Para a autora, essa dimensão expressa-se como um ensaio normativo em direção à radicalização da democracia. Ao mencionar isso, estimulam-se a estabelecer regras inovadoras, espaços de lutas para que se possam suprir as questões de antagonismos nas relações sociais por locais, instituições que efetivamente incidam em regular conflitos agônicos. No entendimento de Mouffe:

> Alguns teóricos como Hannah Arendt veem o político como um espaço de liberdade e de deliberação pública, enquanto outros o veem como um espaço de poder, conflito e antagonismo. Meu entendimento do 'político' claramente pertence à segunda perspectiva. Mais precisamente, esta é a forma como eu distingo o 'político' da 'política': por 'o político' eu entendo a dimensão do antagonismo a qual eu tomo como constitutiva das sociedades humanas, enquanto que por 'política' eu significo uma série de práticas e instituições através das quais uma ordem é criada, organizando a coexistência humana no contexto de conflitualidade provido pelo político. (MOUFFE, 2003, p. 9).

Mendonça (2010) menciona que as propostas de Mouffe são certamente relevantes e abrem várias possibilidades para se pensar a democracia contemporânea, principalmente a proposta de democracia deliberativa, mas indica que o seu modelo é incompleto. O autor segue argumentando que Mouffe não desenvolve mais normativamente (na organização de um modelo analítico) o pluralismo agonístico, no sentido da proposição de instituições, ou quem sabe um novo tipo de parlamento que trate de questões políticas culturais originalmente não econômicas, arenas de lutas institucionalizadas, entre outros instrumentos que possam mensurar suas concepções.

Para Mendonça (2010), parece tarefa essencial do pluralismo agonístico de Mouffe estabelecer-se como um modelo teórico possível de ser aplicado na compreensão sobre instâncias democráticas participativas. No entanto, até o momento, abrevia-se à desconstrução do modelo deliberativo no consenso. Mas ainda permanece no grau da enunciação de princípios, os quais são de duas ordens,

> [...] os princípios de primeira ordem dizem respeito à própria essência do político, ou seja, fundada nas relações de poder e no antagonismo. De segunda ordem, como elementos ontológicos, devem ser levados em consideração para toda e qualquer teoria política calcada no princípio da realidade. (MENDONÇA, 2010, p. 495).

Sobre essa questão, Mendonça (2010) afirma que é preciso pensar instituições ou práticas políticas efetivas que façam valer o princípio agônico. Quiçá esse seja ainda um objeto a ser escrito por Mouffe ou por aqueles que aceitarem a provocação.

Ao refletir sobre as concepções teóricas sobre democracia participativa, o que se comprova é que as concepções da democracia moderna trazem as mais diversas convergências e divergências de análise, o que pressupõe que cada um dos modelos teóricos apontam possibilidades e limites nos processos analíticos que envolvem a participação, bem como a organização de instâncias democráticas.

Ao traçar as principais concepções teóricas no campo da democracia participativa, é inegável que os modelos teóricos da democracia expressam-se como avanços nas concepções modernas sobre o tema, mas suas abstrações remetem-se a princípios e normas que devem ser avaliados a partir de experiências concretas e possíveis de serem ponderadas (SMITH, 2009).

Contudo, evidencia-se que uma das proposições analíticas sobre a democracia participativa defende que não seja realizada a compreensão dos processos democráticos por apenas um único modelo, mas a importância de combinações indutivas. Essa proposta, além de evidenciar a possibilidade de enfatizar no desenho institucional a aproximação com exemplos já materializados de democracia, sugere considerar as possibilidades participativas e como melhor institucionalizar o ideal democrático, na tentativa de superação do que Beetham (1999) indica como, "[...] o infeliz divórcio disciplinar dentro do estudo acadêmico da política, entre a teoria normativa e análise política empírica" (BEETHAM, 1999, p. 29).

Desse modo, ao identificar historicamente os processos democráticos participativos, evidencia-se que a democracia, no decorrer de sua história, envolve diversos processos de conceitualização, mas mostra-se como um processo ainda eminente de avaliação, na maior compreensão de como é praticá-la. Isso implica distinguir a democracia em sua processualidade, nas experiências democráticas, que dimensionam suas diferentes fases, que ultrapassam os instrumentos das regras democráticas por conjecturas e ações possíveis.

DEMOCRACIA PARTICIPATIVA E SUA CONSTRUÇÃO NA AMÉRICA LATINA E NO BRASIL

Ao dimensionar a democracia participativa na contemporaneidade, afirma-se que os princípios de tal conceito são amplamente discutidos nos mais diversos contextos sociais, que perpassam os instrumentos das regras democráticas por prismas e conjecturas distintas.

Na América Latina, no século XX e XXI, deu-se primeiramente a consolidação da democracia eleitoral nos países que a compõem, principalmente após a previsão do regime democrático representativo nas constituições federais, delimitando a democracia como forma de governo e impedindo a retomada dos regimes autoritários. No entanto, os resultados dessa democracia trouxeram intensa insatisfação em termos de inclusão política, efetividade governamental e justiça social.

Na compreensão de Dagnino, Olvera e Panfichi (2006), ao analisar a trajetória da democratização na América Latina, evidenciam-se os dados de 2004 sobre *El Informe sobre la Democracia en América Latina*, do Programa das Nações Unidas para o Desenvolvimento (PNUD), que demonstra o desagrado da população em relação às práticas democráticas do modelo representativo e de seus resultados. O documento, em seu prólogo, expressa:

> *La democracia en América Latina ha vivido el periodo más prolongado de regímenes democráticos y designación de autoridades mediante elecciones. Pero hay un problema de calidad de nuestras democracias. Se observa frustración ciudadana ante la desigualdad de riqueza y poder, débil participación popular en los asuntos públicos, corrupción pública y privada, inseguridad ciudadana y debilidad estatal, entre otros. Una sociedad que cree poco en quienes la representan es una sociedad que puede terminar desvinculándose de la democracia.* (PNUD, 2010, p. 14).

Assim, ao indicar a natureza excludente e elitista do paradigma do modelo representativo é que modelos de democracia participativa e deliberativa são defendidos como complementar à construção democrática. Nesse sentido, a participação da sociedade em processos de determinação das políticas públicas assume um papel central na democratização (SANTOS; AVRITZER, 2002, p. 75).

Sobre a concepção de democracia contemporânea, corrobora O'Donnell (2004) ao indicar que a democracia é mais que um conjunto de procedimentos de eleição, ou as falhas da representação e realiza análise crítica aos modelos elitistas, mostrando que esse modelo opera em ausência de soluções de problemas.

Ainda, o O'Donnell (2004) compreende a democracia como uma forma de organizar a sociedade, devendo ser compreendida como um "modo de vida", que se baseia nas seguintes ideias da democracia cidadã: (i) o homem como sujeito portador de direitos; (ii) a sociedade organizada garante o exercício e promove a expansão da cidadania; (iii) eleições livres juntamente com a exigência de um Estado de Direito que promova a participação; (iv) a especificidade histórica dos povos latino-americanos (O'DONNELL, 2004, p. 32).

Ao destacar a disputa pela construção democrática na América Latina, Dagnino, Olvera e Panfichi (2006, p. 20) alegam que mesmo com todo mérito de O'Donnell ao ampliar a análise sobre a democracia para além da teoria elitista, questiona-se a sua proposta sobre a democracia cidadã no que se refere aos problemas normativos, práticos e teóricos ao pensar no exercício da democracia e seguem afirmando que tais princípios citados por O'Donnell são importantes, mas não representam por si só a possibilidade de implementação e efetivação.

Desse modo, Dagnino, Olvera e Panfichi (2006) propõem remeter-se à relevância de pensar os seguintes elementos analíticos de forma combinada sobre os processos de democratização: (i) a heterogeneidade da sociedade civil e do Estado; (ii) a defesa de projetos políticos distintos no interior do Estado e da sociedade civil (iii) e trajetória da sociedade civil-sociedade política.

Em síntese, os autores apontam a crítica da separação da sociedade civil e sociedade política (Estado), na construção simbólica de que a sociedade civil é homogênea e alinhada, em que afirmam a relevância de se desconstruir uma visão simplista de sociedade civil como polo de virtudes da democracia, mas sim como campo de conflitos e de defesa de interesses distintos.

E ainda que o Estado tenha característica heterogênea, não é somente espaço de mera luta pelo poder, mas em seu interior também se caracterizam projetos políticos em disputa.

> A existência de projetos que circulam na sociedade como um todo, que permeiam tanto a sociedade civil e sociedade política e orientam ações políticas nesses diferentes espaços, pode contribuir para se criar uma visão mais elaborada do que aquela que privilegia estritamente a clivagem estrutural

como fundante da distinção entre sociedade civil e Estado [...] estão ambas atravessadas por distintos projetos políticos, que contribuem em terreno fundamental de ações entre elas. (DAGNINO; OLVERA; PANFICHI, 2006, p. 15).

Como possibilidade de avanço ao modelo representativo, são identificadas experiências, que buscam o aprofundamento democrático e a inovação no campo da política, com a possibilidade de ampliar a construção da cidadania nos países latino-americanos.

Considerações Finais

Essas evidências ressaltam a importância de se conhecer a disseminação de experimentos e concepções que levaram a uma renovação no debate sobre a democracia, que propõe ao mesmo tempo a possibilidade de um projeto de democracia participativa ampla e cidadã e um projeto neoliberal de privatização de grandes áreas de políticas públicas, acompanhada por um discurso "participacionista".

É de relevância ressaltar que em processos de revalorização simbólica na sociedade civil, há também espaços para projetos de desenvolvimento autoritários que respeitam apenas formalmente instituições democráticas. Desse modo, o debate sobre participação perpassa por projetos políticos em disputa, que se caracterizam por utilizar os mesmos conceitos, atraentes por discursos semelhantes, mas que de fato são completamente diferentes (DAGNINO; OLVERA; PANFICHI, 2006, p. 20).

Destarte, ao se pensar sobre os processos democráticos, mostra-se como fundamental perceber os "[...] terrenos das vinculações, articulações e trânsitos entre ambas as esferas das atividades, onde as disputas entre distintos processos políticos se estrutura e dá sentido à luta política" (DAGNINO, 2006, p. 15).

Ao analisar premissas sobre a construção das instâncias democráticas participativas e ao ponderar sobre as teorias, práticas dos discursos e ações concretas da participação, constata-se que os significados e os efeitos políticos estão em permanente confronto de interesses. Portanto, é necessário debater e especificar melhor as teorias sobre a democracia participativa. Além disso, a potencialidade democrática na América Latina é hoje algo inquestionável e há o consenso entre os partidos e atores da sociedade civil sobre a sua necessidade (mesmo que os princípios e ações sejam de origens distintas).

Na concepção de Francisco de Oliveira e Marilena Chauí (2004), a difusão dos termos "participação" e "democracia" são consideradas como conquista de um setor da sociedade civil brasileira que impulsionou para que existisse a inclusão de segmentos sociais historicamente marginalizados das deliberações sociais e políticas no país. No Brasil, como resultado desse processo, o direito à participação foi conquistado por coletivos sociais que pautaram e inseriram os princípios democráticos participativos e do controle social na Constituição de 1988.

Ainda é importante evidenciar que a democracia no Brasil caracteriza-se pela demodiversidade, uma vez que perdura a organização da democracia no país pelo sufrágio universal, mas que amplia para outras possibilidades democráticas. Evidencia-se que nos espaços institucionalizados da democracia participativa (citam-se os Conselhos e as Conferências), a participação também é realizada por meio da representatividade das instituições eleitas por seus específicos segmentos.

Essa definição implica quanto à questão democrática participativa, que os instrumentos de participação abrangem também o aspecto representativo. Uma limitação basal relativa a não universalidade da participação, a exemplo do processo eleitoral para a escolha dos conselheiros e mesmo em fóruns mais amplos de discussão e com caráter mais expandido, há a representatividade de lideranças, cidadãos interessados, mas não abarcam a população em sua totalidade.

Em destaque, Serafim e Santos (2008, p. 4) mencionam que mesmo sendo desejável instituir-se um dos principais fundamentos da democracia participativa, a participação direta de toda a população, torna-se uma ação complexa e inalcançável por dois motivos principais: a questão da escala e de tempo.

Em resumo, a escala está diretamente relacionada à complexidade que se tem de reunir a totalidade da população de uma determinada região, por menor que seja o território. Quanto ao tempo, as decisões nas políticas públicas devem ser tomadas geralmente com prazos determinados, o que limita a escuta mais detalhada do posicionamento de uma ampla gama de cidadãos em espaços de discussão e deliberação pública. Desse modo, ocorre o processo de representantes também na democracia participativa.

Referências

AVRITZER, L. (org.). **Experiências nacionais de participação social**. Belo Horizonte: Cortez Editora, 2010.

BERAS, C. A democracia nos diferentes períodos históricos: desenvolvimento de diferentes concepções normativas. *In:* ULBRA – Universidade Luterana do Brasil. (org.). **Democracia, cidadania e sociedade civil**. Curitiba: IBPEX, 2009.

BAVA, Silvio Caccia. **Os Sentidos da Democracia e da Participação**. São Paulo: Instituto Pólis, 2005.

BOHMAN, J. **Public deliberations, pluralism, complexity and democracy**. Cambridge: MIT, PRESS, 1996.

BONAVIDES, P. **Ciência Política**. São Paulo: Malheiros Editores, 2006.

CARVALHO, A. M. P. Radicalizar a democracia: o desafio da reinvenção da política em tempos de ajuste. **Revista de Políticas Públicas**, v. 8, p. 7-21, 2004.

CARVALHO, M. C. B. **A participação social no Brasil hoje**. Paper. Instituto Pólis, 1998.

CHAUÍ, M. **Cultura e democracia**: o discurso competente e outras falas. São Paulo: Moderna, 1980.

CHAUI, M.; OLIVEIRA, F. Os sentidos da democracia e participação. **Revista Polis**, São Paulo, jul. 2004.

COHEN, J.; SABEl, C. Directly-Deliberative Polyarchy. **European Law Journal**, v. 3, n. 4, p. 313-342, 1997.

DAGNINO, E. Sociedade civil e espaços públicos no Brasil. *In:* DAGNINO, E. (org.) **Sociedade civil e espaços públicos no Brasil**. São Paulo: Paz e Terra, 2002.

DAGNINO, E. Confluência perversa, deslocamento de sentidos, crise discursiva. *In:* GRIMSON, Alejandro (ed.). **La cultura em las crises latino-americanas**. Clasco: Buenos Aires, 2004.

DAGNINO, E.; OLVERA, A.; PANFICHI, A. (org.). **A disputa pela construção democrática na América Latina**. São Paulo/Campinas: Paz e Terra/Unicamp, 2006.

DAHL, R. **A moderna análise política**. São Paulo: Lidador, 1970.

DE SOUZA CORDOVIL, F. C.; RODRÍGUEZ, A. L. Da tecnocracia à participação popular: A institucionalização e os novos rumos do planejamento urbano em Maringá, Paraná, Brasil. **Scripta Nova**. Revista Electrónica de Geografía y Ciencias Sociales, v. 14, 2010. Disponível em: http://www.ub.edu/geocrit/sn/sn-331/sn-331-40.htm. Acesso em: 10 ago. 2014.

DOWBOR, M. **Enfrentando os desafios da representação em espaços participativos**. São Paulo, CEBRAP: IDS. 2008. 48p.

FARIA C. F.; RIBEIRO, U. C. Desenho institucional: variáveis relevantes e seus efeitos sobre o processo participativo. *In:* PIRES, R. (org.). **Efetividade das instituições participativas no Brasil**: estratégias de avaliação. Brasília: IPEA, 2011. v. 7, p. 125-136.

FREY, K. Políticas públicas: um debate conceitual e reflexões referentes à prática da análise de políticas públicas no Brasil. **Planejamento e Políticas Públicas** (IPEA), Brasília, v. 21, p. 211-259, 2000.

FUNG, A. Receitas para esferas públicas: oito desenhos institucionais e suas consequências. *In:* NOBRE, M.; COELHO, V. S. **Participação e deliberação**: teoria democrática e experiências institucionais no Brasil contemporâneo. São Paulo: Ed. 34, 2004.

FUNG. A. Democratic, theory and political science: a pragmatic method of constructing engagement. **American Journal of Political Science**, n. 58, p. 101-443, 2007.

GAVENTA, J. Prefácio. *In:* COELHO, V.; NOBRE, M. (org.) **Participação e deliberação**: teoria democrática e experiências institucionais no Brasil contemporâneo. São Paulo: Editora 34, 2004.

GOHN, M. G. **Conselhos gestores e participação sociopolítica**. 3. ed. São Paulo: Cortez, 2007.

GOMES, E G. M. **Conselhos gestores de políticas públicas**: democracia, controle social e instituições. 110 f. Dissertação (Mestrado em Administração Pública e Governo da EAESP/FGV) – São Paulo, EAESP/FGV, 2003.

HABERMAS, J. **The theory of communicative action**: reason and the rationalization of society. v. 1. Boston: Beacon Press, 1987.

HABERMAS, J. Três modelos normativos de democracia. **Lua Nova**, n. 36, p. 39-53, 1995.

LOCKE, J. **Dois tratados sobre o governo**. São Paulo: Martins Fontes, 2001.

MENDONCA, D. Teorizando o agonismo: crítica a um modelo incompleto. **Soc. Estado**, [on-line], v. 25, n. p. 479-497, 2010. Disponível em: http://www.scielo.br/scielo69922010000300004&lng=en&nrm=iso>ISSN 0102-6992. Acesso em: 6 jun. 2014.

MINAYO, M. C. de S. **O desafio do conhecimento**: pesquisa qualitativa em saúde. São Paulo: Hucitec-Abrasco, 2003.

MINAYO, M. C. de S. **A representação das experiências de participação**. São Paulo: Lua Nova, 2007.

MOREIRA, T.; NETO, P. N. Operação urbana consorciada da Linha Verde: limites e oportunidades à luz da gestão social da valorização da terra. **Cad. Metrópoles**. São Paulo, v. 15, n. 30, p. 583-603, jul/dez. 2013.

MOUFFE, C. **O regresso do político**. Lisboa: Gradiva 1996.

MOUFFE, C. Por um modelo agonístico de democracia. **Revista Sociologia Política**, Curitiba, n. 25, p. 11-23, nov. 2005.

MONTESQUIEU, C. **O espírito das leis**. São Paulo: Abril Cultural, 1993.

O'DONNELL, G. (coord.). **El Estado de la Democracia em América Latina**. Pnud-ONU, 2004.

O'DONNELL, G. **Democracia delegativa?** Novos Estudos CEBRAP, n. 31, outubro 1991.

O'DONNELL, G.; SCHMITTER, P. **Transiciones desde un Gobierno Autoritario**. Conclusiones Tentativas sobre Democracias Inciertas. Buenos Aires: Prometeo, 2010.

PONTUAL, P. Desafios à construção da democracia participativa no Brasil: a prática dos conselhos de gestão das políticas públicas. **Cadernos da Cidade**, v. 12, n. 14, 2008.

ROSSEAU, J. **O contrato social**. São Paulo: Martins Fontes,1989.

SAES, D. **Democracia**. São Paulo: Ática, 1987.

SANTOS JUNIOR, O. Cidade, cidadania e planejamento urbano. Desafios na perspectiva da reforma urbana. *In:* FELDMAN, S. FERNANDES, A. (org.) **O** urbano e o regional no Brasil contemporâneo: mutações, tensões, desafios. Salvador: EDUFBA, 2004.

SANTOS JUNIOR, O. **Democracia e governo local**: dilemas da reforma municipal no Brasil. Rio de Janeiro: Revan; FASE, 2001.

SCHUMPETER, J. **Capitalismo, Socialismo e Democracia**. Zahar: Rio de Janeiro, 1984.

SHAPIRO, I. **The State of Democratic Theory**. Londres: Princeton University Press, 2003.

TATAGIBA, L. Os conselhos gestores e a democratização das políticas públicas no Brasil. *In:* DAGNINO, Evelina. **Sociedade civil e espaços públicos no Brasil**. São Paulo: Paz e Terra, 2002.

TEIXEIRA, A. (org.). **Os sentidos da democracia e da participação**. São Paulo: PÓLIS, 2005.

TEIXEIRA, E. C. **Efetividade e eficácia dos conselhos**. São Paulo: Pólis, n. 37, p. 97-120, 2000.

TEIXEIRA, E. C. Movimentos sociais e conselhos. **Cadernos ABONG**, n. 15, jul. 1996. Disponível em: http://www.aatr.org.br/site/uploads/publicacoes/movimento_sociais_e_conselhos.pdf. Acesso em: 14 ago. 2014.

TEIXEIRA, L. H. Conselhos Municipais de Educação: autonomia e democratização do ensino. **Cadernos de Pesquisa**, São Paulo: 2004 v. 34, n. 123, p. 691-708.

TOCQUEVILLE, A. **A democracia na América**. 2. ed. Belo Horizonte: Itatiaia Limitada/Editora da Universidade de São Paulo, 1998.

Capítulo 3

ASPECTOS DA COMUNICAÇÃO NÃO VIOLENTA PARA FACILITAÇÃO DE DIÁLOGOS E MANEJO DE CONFLITOS EM ORGANIZAÇÕES

Célia Aparecida Bernardes da Silva

Introdução

Este texto sobre a Comunicação Não Violenta como um caminho para resolução de conflitos foi elaborado pelas seguintes etapas: um entendimento do sujeito à luz do construcionismo social; aspectos da comunicação num novo paradigma e; a Comunicação Não Violenta proposta por Marshall Rosenberg (2006), apresentando os quatro pontos fundamentais para entendimento da CNV.

O capítulo busca, ainda, focalizar na comunicação como um aspecto primordial nos métodos de manejo de conflitos e também para nossa convivência no dia-a-dia. Todos nossos movimentos sociais, nossas organizações são baseadas na comunicação, portanto é de suma importância tecer considerações sobre como a comunicação é essencial na constituição de nós como sujeitos, conscientes cidadãos e nas organizações sociais as quais pertencemos. Como a comunicação sem violência pode promover uma interação colaborativa e construtiva auxiliando no manejo de conflitos favorecendo a construção de uma sociedade baseada na democracia e direitos humanos.

Para falar sobre a comunicação não violenta, a qual prefiro denominar de comunicação sem violência é fundamental entender um pouco sobre concepções de sujeito. Dentre as diversas concepções elejo aqui a abordagem construcionista social. De maneira bastante simplificada, basicamente a concepção de sujeito à luz do construcionismo social é entendida como o sujeito constituído nas relações e na linguagem[2]. Apoiar nessa abordagem

---

[2] Para mais detalhes sobre o assunto, acessar: https://www.youtube.com/watch?v=vDnvxFPag-8.

de concepção de sujeito sustenta a ideia sobre a importância da comunicação tanto na constituição de nós mesmos, como das demais organizações sociais que compomos inerentes aos relacionamentos humanos em diversos âmbitos – familiar, escolar, empresarial e nas diversas organizações sociais.

A pessoa à luz do Construcionismo Social

Baseada no construcionismo social reconheçemos a pessoa (sujeito) como constituída nas relações e na linguagem. A linguagem é entendida como constitutiva e não representacional, isto é, a linguagem não descreve o mundo, mas sim o constitui. Algo externo a nós e nós mesmos nos constituímos na linguagem.

Cada um de nós possui seu próprio entendimento sobre a concepção de sujeito. Na abordagem construcionista social, de uma forma bem sucinta, entendemos o sujeito constituído nas relações e na linguagem, construindo significados que dão sentido às nossas vidas.

De acordo Gergen, K e M. (1997) Construcionismo Social é:

> [...] a ideia fundante da construção social parece bem simples, mas, ao mesmo tempo, é profunda. Tudo que consideramos real é resultado de uma construção social. Ou seja, de maneira mais contundente Nada é real, ao menos que as pessoas concordem que assim o seja. (GERGEN, 1997, p. 20).

A título de ilustração, continuam os autores, se dissermos "o pai dele morreu", na maioria das vezes estaremos falando a partir de um ponto de vista biológico. Construimos o acontecimento como a cessação de determinada função corporal (muito embora até os médicos possam discordar quanto a definição de morte, pois cirurgião especialista em transplantes pode ter uma opinião diferente de um clínico geral). A partir de outras tradições, poderíamos ainda dizer "ele foi para o céu", "ele viverá para sempre no coração dela", "este é o começo de um novo ciclo de reencarnação" "foi aliviado de seu fardo", "viverá no legado de suas boas obras" "sua vida terá continuidade e seus três filhos", ou "a composição atômica desse objeto foi alterada". O que mais há para ser dito fora de qualquer convenção relativo ao entendimento? (GERGEN, 1997, p. 21).

Aspectos importantes de nós mesmos que muitas vezes não paramos para pensar e repensar todas as nossas crenças, ideias a respeito da constituição dos sujeitos e de nossas relações e avançar na dimensão do espectro de possibilidades e inovações que são ilimitadas e podem se libertar de nossos saberes tradicionais.

Gergen (1997) nos faz um convite que, ao conversar, ouça novas vozes, levante questões, avalie metáforas alternativas e brinque nas fronteiras da razão, porque, assim, atravessaremos o limiar dos novos mundos de significado. O futuro é nosso para que o criemos juntos.

O que isso quer dizer que nossa personalidade, "ego", "self", "eu" não é estanque, definitiva e descrita estruturalmente. E sim, alguém que se constitui e constrói significados nas relações e na linguagem. Neste sentido a comunicação ocupa um papel central em nossas relações. Como entender a comunicação nesse novo paradigma?

Comunicação palavra derivada do latim *"comunicare"* significa "partilhar, participar de algo, tornar comum".

Aqui estão dois modelos de comunicação.

Um modelo baseado na transmissão de mensagens, conforme a figura 1.

Figura 1 – Modelo de transmissão de mensagens

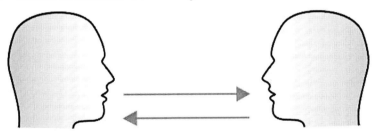

Fonte: SCHNITMAN, 2006

Neste modelo, a comunicação se descreve como um intercâmbio intermitente de mensagens (Figura 1) (SCHNITMAN, 2006).

A seguir, a figura 2 (modelo construcionista Social) destaca a complexidade da relação no campo social.

Figura 2 – Modelo Construcionista Social

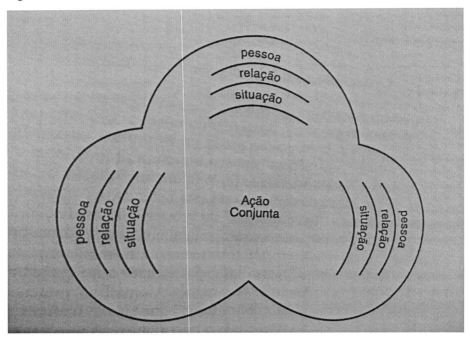

Fonte: SCHNITMAN, 2006

A figura 2 mostra que a comunicação aparece como a *co-evolución* das pessoas, relações e situações, através do processo de interação verbal e não verbal ("ação conjunta").

Enquanto a figura 1 transmite uma ideia de que as atitudes e as relações são compreendidas como sendo fonte relativamente sólidas e estáticas de ação. Como se a responsabilidade recai somente sobre quem transmite a mensagem. Ao passo que na figura 2, esses elementos, atitudes, caracteres e relações tem mais movimento, são maleáveis e temporários.

Ao pensar em uma ação conjunta, na linguagem verbal e não verbal ela ganha um caráter mais abrangente do que somente transmissão de mensagens e adquiri um caráter de construção de significados. Construímos sentido para nossas vidas, tanto quando nos expressamos como quando ouvimos, quando estamos nos relacionando com os outros.

Construir um entendimento comum utilizando a comparação entres essas formas de conceber comunicação é fundamental para seguirmos com o tema. A figura 2 apresenta um enfoque de padrões de interações. Identifica o significado e o propósito num processo contínuo de interação. A figura 1 transmite uma ideia mais mecanicista e linear, enquanto a figura 2 expressa uma ideia mais orgânica e fluida de comunicação. Ainda, em relação à figura 2 percebe-se a orientação de uma abordagem construcionista social de concepção dos sujeitos e de estar no mundo.

Cada um de nós aqui tem uma capacidade de comunicação. Cada um de nós possui um repertório, um vocabulário que nos ajuda a expressar nossas ideias, emoções, argumentos. É por meio do uso apropriado desse repertório que realizamos nossas interações. Pensar no uso de palavras que nos aproximam e nas palavras que nos afastam; as palavras que nos constituem e as que desqualificam faz a diferença na comunicação.

No processo de comunicação um elemento fundamental é a importância da autoexpressão. Se o que realmente penso e sinto não é dito, não haverá diálogo. Se houver somente a minha expressão no sentido de desprezar as ideias dos outros, também não haverá uma ação conjunta para que haja uma comunicação efetiva.

Construir um entendimento comum sobre comunicação utilizando a comparação entres essas formas de conceber comunicação considero fundamental para seguirmos com o tema, tendo como objetivo maior abordar o tema para favorecer o manejo de conflitos, a construção de comunidades pacíficas, solidárias e ambientes seguros.

Comunicação Não Violenta – CNV

A aproximação ao tema da comunicação não violenta pressupõe entendimento prévio sobre o sujeito e a comunicação.

A comunicação não violenta tem se expandindo como uma forma de construção de mundo mais pacífico, como um elemento importante nos métodos de resolução de conflitos. Como já dissemos entender a comunicação como um elemento fundamental na construção de relações seguras e de significados é o que vamos tratar a seguir. Do ponto de vista teórico, Marshall Rosenberg é considerado o autor que cunhou o termo e desenvolveu esse entendimento de comunicação a qual, sem dúvida nenhuma, busca promover formas pacíficas e construtivas do nosso "estar no mundo".

No tocante a biografia do autor, Marshall Rosenberg formou-se em Psicologia - especializado em psicologia social. Foi aluno de Carl Rogers e

Michael Hakeem - que o ajudou a questionar a psicologia como fora treinado a ver, um modo de entender os seres humanos com base em patologias. Baseado na filosofia de Gandhi e sua Não Violência, acredita que somos todos compassivos por natureza e queremos viver em parceria e harmonia.

Em relação à abordagem teórica da comunicação não violenta, Marshall propõe duas questões:

- O que acontece que nos desligamos de nossa natureza compassiva, levando-nos a comportarmos de maneira violenta?
- o que permite que algumas pessoas permaneçam ligadas à sua natureza compassiva mesmo nas circunstâncias penosas?

Convido a refletir sobre esse aspecto da compassividade. Marshall também observa:

- o papel crucial da linguagem e do uso das palavras. Como cada um se comunica - consigo próprio e com os outros?

Essas perguntas não fazemos a nós mesmos. Quantas vezes nos pegamos utilizando palavras muito desqualificadoras ao referirmos a nós mesmos? Quando fazemos algo que não atinge os objetivos esperados, provavelmente usaremos palavras desqualificadoras para nos referir a nós mesmos. Cometemos algum ato que não atingimos nossos objetivos, provavelmente usaremos palavras pouco qualificadoras para nos referirmos a nós mesmos. O mesmo fazemos com as outras pessoas.

Rosenberg (2006), didaticamente, nos oferece um entendimento da Comunicação Não Violenta apoiado em quatro aspectos:

- Observação.
- Sentimentos.
- Necessidades
- Pedido.

A CNV, em seus aspectos técnicos, ou seja, requer sistematização. Porém, é importante observar a necessidade de entrega. Há a necessidade de decidir se entregar ao movimento de querer se comunicar de maneira não violenta. Mesmo que no início dessa prática podemos parecer ensaiando e preso aos aspectos técnicos, é um desenvolvimento muito pessoal, consciente e voluntário, que se incorpora ao nosso viver, nosso estar no mundo.

A partir dessa ideia da entrega e pelas experiências de vida que se tem, constrói-se todo uma concepção bastante estruturada de como evoluímos para uma comunicação que promova o entendimento, construa significados comuns e que há sempre a expressão dos desejos e necessidades dos interlocutores.

Rosenberg questiona o próprio termo, por usar a palavra "violência". Proporia comunicação compassiva, mas causaria menos impacto e menos interesse.

Hoje muitas instituições, muitos espaços de aprendizagem oferecem formações, bem como procuram instaurar na sua equipe e na sua instituição formas de comunicação não violenta.

A partir desse movimento de entrega vamos seguir e oferecer uma síntese das ideias de Rosenberg.

Vamos entender cada aspecto e daqui para diante buscar desenvolver essa atitude em todos os âmbitos de nossas vidas – familiar, no trabalho, com amigos e nos mais diversos campos de interação institucional.

Observação:

O primeiro aspecto, proposto por Rosenberg (2006), é a observação. Vamos analisar o componente observação. Separar Observação de Avaliação.

Observar sem julgar é o primeiro desafio que a CNV propõe. Todos nós temos uma história de vida, valores, crenças que estão compõem a existência humana. Quando se está diante de alguém ou de alguma situação esses valores, crenças estão presentes diante da pessoa ou fato. Ao que se deve estar atento quando se propões desenvolver uma comunicação não violenta?

É evitar formas de comunicação alienantes, isto é, formas que nos afastam de nossa natureza compassiva e são elas:

- **JULGAMENTOS MORALIZANTES** – atribuir uma natureza maligna, ou errada nas pessoas que não agem em consonância com nossos valores e crenças.
- **FAZER COMPARAÇÕES** – se você quer se tornar uma pessoa infeliz.
- **COMPARE-SE COM OUTRA** – comparar uma pessoa com outra é uma forma de julgamento.
- **NEGAR RESPONSABILIDADE** – negamos muitas vezes o que pensamos e sentimos e atribuímos a forças vagas ou impessoais. "Tive que fazer isso".

Quando estamos diante de uma cena, de uma narrativa escutamos e vemos a partir de nossas experiencias. Dificilmente diante de qualquer situação que presenciamos ou vivemos conseguiremos simplesmente OBERVAR.

Observar é basicamente descrever um fato e não o interpretar depositando na cena julgamentos.

Fazer comparações é uma forma que estamos bem acostumados a nos relacionar com as situações e que prejudicam a observação.

Esse aprendizado tem raízes filosóficas e políticas, se origina nas sociedades hierárquicas ou de dominação e ao mesmo tempo mantem essas sociedades. O maior desafio é identificar o que sentimos diante daquela situação, sem emitir juízo de valor.

Sentimentos

Impossível estarmos em comunicação isento de sentimentos e pensamentos.

O que propõe a Comunicação não violenta é que possamos identificá-los e expressá-los.

Nosso vocabulário, ou seja, nosso repertório de palavras para rotular os outros tende a ser maior do que o para descrever nossos estados emocionais.

Os sentimentos até hoje muitas vezes não são considerados importantes. E nosso aprendizado também está mais direcionado aos outros do que a nós mesmos.

Somos mais reativos do que ativos.

Quando aprendemos a expressar nossos sentimentos e pensamentos fazemos uma conexão com o outro. Tanto nós, seres humanos, como os animais somos seres sociais, vivemos em constante comunicação, pois através dela partilhamos informações e construímos conhecimentos e culturas. Nós humanos, na linguagem verbal e não verbal, nessa comunicação constante, promovemos construção de significados comuns e construímos espaços de convivência seguros e pacíficos.

Um bom exercício para fazer é fazer uma lista das palavras que usa em seu cotidiano e que considera autoritária ou agressivas.

Quais sinônimos dessas palavras as tornariam mais favoráveis para aproximar-se das pessoas? Observe-se daqui para diante o efeito que causa em si mesmo essa mudança no vocabulário.

Necessidades

Observar sem julgar, expressar os sentimentos. E o que mais?

O outro aspecto é a identificação e expressão das próprias necessidades.

Não fomos educados a expressar nossas necessidades e sim atender as demandas e desejos dos outros. Rosenberg (2003, p. 80) enfatiza que *"o que os outros fazem podem ser o estímulo para nossos sentimentos, mas não a causa".*

Quando passamos por uma situação negativa temos algumas maneiras de manejar:
- culpar a nós mesmos – essa atitude nos é muito desgastante. Traz angústia, tristeza e diminui nossa autoestima. Momento que usamos palavras desqualificadoras para conosco mesmos.
- culpar os outros.
- atentar para nossos próprios sentimentos e necessidades.
- escutar os sentimentos e necessidades dos outros.

Para Rosenberg (2006, p. 83), "Julgamentos, críticas, interpretações dos outros são todas expressões alienadas de nossas necessidades".

Quando conseguimos expressar genuinamente nossos sentimentos e nossas necessidades estabelecemos uma conexão com o outro. Bem como, também, procuramos entender quais são as suas necessidades quando recebemos uma crítica, avaliação ou uma interpretação de nossas ações. Segundo o autor, "Se não valorizarmos nossas necessidades, os outros também podem não valorizá-las" (ROSENBERG, 2006, p. 89)

Fomos treinados a culpar uns aos outros, a "terceirizar nossa responsabilidade" e acreditar que nossas necessidades, quando não atendidas, são devido as ações dos outros.

Em nosso cotidiano somos frequentemente julgados por identificarmos e expressarmos nossas necessidades. O desafio é justamente esse. Principalmente para as mulheres, que durante séculos, a imagem da mulher tem sido associada à amorosidade, ao sacrifício, abnegação e negação das próprias necessidades. É um discurso dominante e cultural, que elas aprenderam a ignorar as próprias necessidades.

Há três estágios nos quais passamos até conseguirmos identificar e expressar nossas necessidades, segundo Rosenberg (2006):
- escravidão emocional – sentir-se responsável pelo que os outros estão sentindo.

- "ranzinza" – sentimento de raiva; não querer mais sentir responsável pelos sentimentos dos outros.
- libertação emocional – assumir a responsabilidade por nossas ações e intenções e não mais pelos sentimentos dos outros.

Pedido

Identificada a situação como está sendo observada, reconhecidos sentimentos e necessidades, resta o *pedido* do que precisamos.

É um componente desafiador. Exige de nós um bom exercício; aprender a pedir o que queremos ou precisamos e não o que "não queremos", usar termos vagos.

Precisamos treinar a expressar para o outro o que queremos, fazer pedidos conscientemente. Expressar queixas, reclamações, angústias não é suficiente para o outro entender o que você precisa e o que ele pode fazer para atender sua necessidade.

Acontece muito nos relacionamentos conjugais, você pode expressar que está com muita fome, se não explicitar que está querendo que o outro te traga algo para comer, ou se não pedir para comprar ou fazer um lanche, ambos ficarão angustiados.

Pontos a serem observados e cuidados para expressar o pedido para que o interlocutor entenda:
- Usar linguagem que descrevem ações positivas e claras;
- Cuidado com ações negativas e conceitos vagos, abstratos ou ambíguos;
- Fazer pedidos "conscientes e completos";
- Pedir retorno – Repetir com suas palavras o que foi pedido;
- Pedir honestidade – Sentimentos, pensamentos;
- Pedir implica saber a disponibilidade para o pedido.

O pedido precisa ser expressado com objetividade e acompanhados da explicitação dos sentimentos. Quando não há a explicitação dos sentimentos ele pode soar como uma ordem. Neste caso seu interlocutor adotará uma postura defensiva e o diálogo pode ficar truncado.

Na formulação do pedido, retomo a ideia da comunicação como uma ação conjunta. Sempre é importante conferir o que você está pedindo, lembrem-se da frase "eu sei que você entendeu o que eu falei, mas não sei se o que você entendeu foi o que eu quis dizer" (SCHNITMAN, 2006, p. 98).

Aplicação da CNV em contextos formais e informais.

A aplicabilidade da Comunicação Não Violenta é diversa e prática; sendo o mais importante em sua aplicabilidade é incorporar ao seu viver.

No âmbito profissional os diversos conflitos que acontecem diariamente na convivência podem ser beneficiados com a aplicação dos aspectos da Comunicação Não Violenta. Quantos conflitos são gerados por não se observar um fato por ele mesmo, mas pelos julgamentos ou comparações que se faz a respeito dele.

No ambiente familiar, mutas vezes, é ainda maior, pois devido a convivência próxima fazemos ideias e julgamentos das pessoas como se elas "fossem daquele jeito" e não como se elas "estão" naquele momento.

Ao mesmo tempo o quanto as necessidades não são expressadas pelas pessoas que fazem parte desses espaços de convivência. Aprendemos não expressá-las e precisamos atentar para esse aspecto. O quanto não expressar pode causar situações embaraçosas e conflituosas. À medida que podem ser expressadas conflitos poderão ser manejados e muitas vezes prevenidos.

O objetivo maior da Comunicação não Violenta é construir relacionamento baseado na sinceridade e na empatia. Manter uma conversa em que sua integridade e a dos interlocutores sejam consideradas e respeitadas.

Considerações Finais

A utilização das orientações da Comunicação Não Violenta, apresentadas e discutidas aqui, propicia criar ambientes de convivência seguros e produtivos, enfocando os direitos humanos de cada participante da conversação, e garante a qualidade do ambiente onde ela ocorre, seja na família, no trabalho, entre amigos.

Um dos grandes desafios do Século XXI é conviver neste planeta, então podemos construir uma rede de conversações baseado na Comunicação Não Violenta, onde nossos sentimentos, necessidades poderão ser identificados e expressados.

Os componentes da CNV são fundamentais para desenvolver conexões baseadas na autoexpressão, no respeito aos sentimentos e necessidades e na formulação de pedidos oriundo dessas necessidades. Para implementar esses aspectos de entendimento do sujeito, comunicação e praticar os componentes da CNV necessitamos de uma disposição consciente de reflexão desses temas, e disposição para mudar o que for necessário em nós.

É um convite para uma nova forma de estar no mundo. Mais do que implementar uma técnica. A CNV é a expressão de um desejo consciente, responsável e libertador.

Aqui fica um convite a se exercitarem nesses aspectos da CNV. Convido a identificarem quais aspectos já estão desenvolvidos e quais ainda você precisa desenvolver.

Basicamente é desenvolver uma postura, quando estamos diante das situações que a vida nos apresenta, honestamente expressar o que estamos sentindo e receber acolhedoramente as situações que se nos apresentarão ao longo da vida, bem como na expressão, diante dessas situações, baseada nesses quatro aspectos.

Referências

GERGEN, K e M. **Construcionismo Social**: um convite ao diálogo. Tradução de Gabriel Fraiman. Rio de Janeiro: Instituto Noos, 2010.

ROSENBERG, Marshall B. **Comunicação não-violenta**: técnicas para aprimorar relacionamentos pessoais e profissionais. Tradução Mário Vilela. São Paulo: Ágora, 2006.

SCHNITMAN, D; LITTLEJOHN, S. **Novos paradigmas em Mediação**. Tradução de Marcos A.G. Domingues e Jussara Haubert Rodrigues. Porto Alegre: Artes Medicas Sul,1999.

SCHNITMAN, D. **Ilustrações de workshop realizado em São Paulo sobre Práticas Generativas**. 2006.

Capítulo 4

AS PRÁTICAS RESTAURATIVAS NA CONSTRUÇÃO DA ESCOLA ENQUANTO AMBIENTE SEGURO

Raimunda Caldas Barbosa

INTRODUÇÃO

A escola sempre foi um importante espaço para o desenvolvimento social de crianças, adolescentes e jovens, tendo sido reconhecida como sendo o segundo espaço de socialização do indivíduo, depois da família. É um ambiente para a socialização e construção do conhecimento, a partir dos seus processos educacionais intencionais, promovendo a formação cognitiva dos educandos.

Entretanto, com o reconhecimento do direito à educação como direito fundamental, a escola passa a ter que assegurar a concretização desse direito por meio de uma educação de qualidade e que promova o desenvolvimento integral de seus educandos, tendo, com isso, que se preocupar com alguns fatores que dificultam essa materialidade. Entre eles, a violência, a qualidade das relações interpessoais e a saúde e bem-estar desses sujeitos. Em razão disso, a busca por metodologias, estratégias e recursos para lidar com esses fatores passa a ser uma premissa.

Nessa proposta argumentativa buscaremos refletir como a implementação das práticas restaurativas, consideradas uma ciência social que estuda como construir o capital social e atingir disciplina social pela aprendizagem participativa e tomada de decisão (WACTEL, 2012 *apud* GRECCO, 2014, p. 56), pode tornar a escola um espaço seguro, livre de violência, e que promova o desenvolvimento pleno dos educandos.

A violência na escola

A violência tem assumido níveis alarmantes na sociedade contemporânea (BRASIL; IPEA; FBSP, 2020), e a prática e os investimentos do Estado para coibi-la não se modificaram; normalmente utiliza-se de mais violência, gerando relações conflituosas. E a escola, enquanto representatividade da sociedade, bem como do poder do Estado, reproduz estas relações conflituosas nas suas práticas disciplinares, que têm como justificativa a manutenção da ordem:

> a vigilância é o suporte básico para o funcionamento dessas práticas políticas disciplinares, por esse motivo ela está inserida na prática do ensino, transformando a escola num "observatório político", ou seja, num local onde se pode ter conhecimento de todos os indivíduos, possibilitando classificar, qualificar, punir, normalizar todas as pessoas inseridas no ambiente escolar. (GUIMARÃES, 1987 *apud* LIMA; AMÉRICO JUNIOR, 2015, p. 6).

A escola, sendo um espaço de diversidade das relações humanas, torna-se um ambiente próprio para a emergência de conflitos e violência, que podem ter origem em diversos fatores: na diferença de idade, etnia, gênero, na disputa por poder, disputa por território, namoros, brigas, diferenças socioeconômicas e culturais, perdas ou furtos de bens, situações de *bullying* e destruição do patrimônio, entre outros, suscitando políticas de intervenção cujos resultados são, na maioria das vezes, equivocados, e que não promovem o restabelecimento destas relações. Desta forma, o

> [...] "clima de violência", além de influir na qualidade de ensino, no desempenho escolar dos alunos e no desempenho profissional do corpo técnico-pedagógico, também incide sobre a percepção dos alunos a respeito do espaço físico da escola, da gestão e dos próprios colegas. Constata-se que um ambiente escolar desfavorável contribui para o esgarçamento das relações entre os atores da escola (professores e alunos; professores e direção; alunos e alunos; alunos e direção). (ABRAMOVAY, 2003, p. 80).

As normativas internacionais e nacionais no campo da educação (ONU, LDB, BNCC), no atual contexto socioeconômico, ensejam que a educação tem o compromisso de formar cidadãos críticos, comprometidos em pesquisar e conhecer a realidade socioeconômica, política e cultural do país em que vivem, e eticamente conscientes das suas responsabilidades perante a sociedade. Entretanto, ao observarmos o funcionamento das instituições escolares concordamos com o que escreveu Perrenoud:

> No momento atual, a maioria dos professores estabeleceu um meio termo entre a liderança autoritária e a animação. Pode ser que a autoridade ainda proporcione uma satisfação intrínseca, mais ou menos confessada. A dominação do outro, mesmo no caso de se tratar de crianças em uma relação pedagógica, continua sendo uma forma de afirmação de si mesmo. Para uma fração dos professores, essa pode ser uma satisfação da profissão, ainda que inconscientemente. (PERRENOUD, 2001, p. 76).

A escola tem uma missão fundamental na nossa sociedade em virtude do seu papel de sistematização e propagação do conhecimento, mas, além disso, ela é responsável por promover o convívio social de toda a comunidade educativa por meio de relações que promovam o desenvolvimento salutar dos sujeitos. E, sob este ponto de vista, se notam sinais de expansão de uma pedagogia punitiva e de individualização do castigo nas relações de regulação do ambiente. A escola pode ser interpretada como uma instituição disciplinadora e imitadora de micropenalidades (FOUCAULT, 1999), por meio das suas normas pedagógicas, normalmente construídas de forma unilateral, controle individualizado das notas e faltas, Projeto Político Pedagógico (PPP), regimento, conselho de classe, entre outros meios utilizados para manter a ordem e a disciplina.

A escola é um espaço de múltiplas violências, normalmente associadas a emoções como medo, ansiedade, inveja e raiva, sendo necessária uma educação socioemocional que possibilite que o indivíduo identifique e aprenda a lidar com as suas emoções, de maneira que elas o fortaleçam e o auxiliem a viver em sociedade. Diminuir o distanciamento existente nas relações entre educandos e docentes pode ser uma estratégia para promover práticas mais dialógicas e uma escuta qualificada entre estes sujeitos, buscando a transformação do clima escolar por meio do desenvolvimento de relações saudáveis, incidindo sobre a qualidade das aulas e no desempenho dos alunos, possibilitando que o processo de ensino e aprendizagem ocorra de forma satisfatória.

De acordo com Arroyo (2014, p. 29), "o que houve de mais esperançador nas últimas décadas nas escolas foi que os docentes não foram mais os mesmos. Esperanças renovadas, na medida em que também os alunos não são mais os mesmos". É preciso fazer da escola um espaço inovador, acolhedor e propulsor de humanidades; para isso é necessário revermos o nosso modo de conceber o educando, suas habilidades e potencialidades, suas dificuldades, seus conflitos, e estes como sendo um elemento gerador de mudanças, pois onde há pessoas, existem conflitos, "a questão é como lidar com eles sem machucar o outro. Solidariedade, tolerância ao diferente, respeito de ambas as partes devem ser cultivados" (ARAUJO, 2015, p. 207).

Corroborando esta necessidade de revermos os sujeitos e suas relações no espaço escolar é que a introdução das práticas restaurativas surge, não somente como estratégia para diminuir a violência nesses espaços, mas como meio de construção de um ambiente seguro - espaço sem violência que privilegie o diálogo considerando as especificidades e necessidades de crianças e adolescentes e os princípios do superior interesse, do pleno desenvolvimento, da não discriminação, e da participação em todos os assuntos que os afetam - para fomentar uma cultura de paz por meio da construção de relações saudáveis que promovam a convivência harmoniosa.

Sendo assim, é importante reforçar que é imprescindível trabalhar as emoções, os sentimentos dos sujeitos do conhecimento, as suas competências socioemocionais para que tenhamos um terreno propício para a aprendizagem. A educação socioemocional deve ser trabalhada como processo educativo, contínuo e permanente no intuito de desenvolver as competências emocionais, base essencial do desenvolvimento humano, com o objetivo de capacitarmos para a vida e aumentarmos o bem-estar pessoal e social (ARAÚJO, 2015, p. 215). Neste sentido, "há duas razões básicas para a educação da paz ou das emoções. Primeira, para reduzir a violência. Segunda, para melhorar os índices de aprendizagem, o que acontece com a melhoria do clima emocional da escola" (ARAUJO, 2015, p. 215).

Pensar na formação dos educandos, para além da sua proficiência, precisa abranger as suas potencialidades e necessidades: intelectuais, físicas, afetivas, espirituais, culturais, éticas, políticas e estéticas, de forma a promover o seu desenvolvimento integral e pleno. Segundo Freire (1996, p. 13),

> [...] quando vivemos a autenticidade exigida pela prática de ensinar-aprender participamos de uma experiência total, diretiva, política, ideológica, gnosiológica, pedagógica, estética e ética, em que a boniteza deve achar-se de mãos dadas com a decência e com a seriedade.

Desta forma, a escola é responsável por percursos político-pedagógicos orientados por exigências de formação educacional, profissional e moral de crianças, adolescentes, jovens e adultos, buscando educá-los e prepará-los para o convívio social e o exercício de alguma profissão, considerando que a propagação de conhecimentos técnico-científicos deve incorporar valores sociais orientados e pautados pelos princípios democráticos e plurais, de modo a promover o exercício pleno da cidadania e da transformação social.

E é nesse compromisso de formar cidadãos, de construção de uma convivência saudável e segura que as práticas restaurativas podem contribuir, a partir do seu caráter proativo e reativo, no manejo dos conflitos. O caráter proativo diz respeito ao desenvolvimento de ações preventivas, antes que ocorra um desequilíbrio social, um conflito; já o reativo, ao momento em que o desequilíbrio social, o conflito já ocorreu, e deve-se buscar harmonizar as relações estremecidas em virtude dos sentimentos de injustiça ou das hierarquias injustas de poder (ZEHR, 2015), a reparação do dano e o atendimento das necessidades dos envolvidos por meio de um processo de responsabilização individual e coletiva.

As práticas restaurativas na resolução dos conflitos buscam ampliar não apenas o conteúdo democrático de reconhecimento à pluralidade de interesses, valores e identidades que circulam na sociedade, mas repensar a existência e a continuidade de modelos mentais e práticas institucionais punitivas e centralizadoras, ainda presentes nos contextos educativos. Ao proporem possibilidades não punitivas de solução dos conflitos, as práticas restaurativas predispõem a aceitar e experimentar outras formas de responsabilização e reparação individual dos atos de agressão sem, contudo, deixar de reconhecer que a figura do agressor não é insensível às noções de liberdade, responsabilidade, desejo de autonomia e capacidade de reconhecer, contextualizar circunstâncias e reparar, sem o estigma da interdição e do medo, as consequências dos seus atos gravosos contra as pessoas e a comunidade (PRANIS, 2010).

No processo restaurativo o encontro para o diálogo é a centralidade, buscando a substituição de conceitos de "culpa, perseguição, imposição, castigo e coerção" por "responsabilidade, encontro, diálogo, reparação do dano e coesão social" (ZEHR, 2015, p. 7). O foco é o relacionamento, a responsabilidade, a coletividade e restauração de danos. Para isso, é premissa que haja uma confissão do ato e consenso sobre o ocorrido; é necessário que haja o consentimento da vítima, e a voluntariedade dos envolvidos em participar, podendo, a qualquer momento, as partes desistirem do procedimento. E neste processo, nas ocorrências de conflitos, são imperativas a participação e a deliberação dos sujeitos envolvidos em espaços sociais caracterizados pela existência e funcionamento de estruturas horizontais, fora das estruturas engessadas do Estado (BOONEN, 2011). Conforme pontua o Núcleo de Justiça Restaurativa (2011, p. 6):

> No procedimento da Justiça Restaurativa, as pessoas envolvidas em situações de violência ou conflito, seus familiares, seus amigos e a sua comunidade se reúnem com um ou mais mediadores ou facilitadores que dialogarão sobre o ocorrido e suas consequências, expondo os prejuízos emocionais, morais e materiais causados, as necessidades da vítima e as possibilidades do ofensor, estabelecendo, assim, um modo de reparar a dor, os traumas, as relações, a autoestima da vítima e os danos materiais sofridos.

No que tange ao seu caráter proativo, um exemplo é a utilização dos círculos restaurativos nas várias oportunidades de diálogos que a escola tem: conselhos de classes; reuniões com os pais e colaboradores; em sala de aula, com o objetivo de contribuir para o desenvolvimento do capital social dos participantes, considerando o seu potencial de conexão e de participação de todos, pois o professor pode fazer uso deste recurso para construir os combinados de sala, assim como para explanar o funcionamento de uma atividade, de um projeto, e nas mediações dos problemas relacionais que surjam na sala de aula. As oportunidades são diversas e possibilitam que a escola desenvolva relações mais horizontais e dialógicas no seu cotidiano, oportunizando que as pessoas se desvencilhem dos papéis de poder e incorporem o de facilitadores de diálogos, que terão como instrumentos primordiais de atuação o diálogo e a escuta significativa, pois para o desenvolvimento de uma cultura restaurativa é necessário que os processos sejam colaborativos, com responsabilidade e participação compartilhadas. Sendo assim, o poder é de todos em função de todos (BARBOSA, 2019).

Os espaços educativos precisam ser ambientes de diálogo, não só quando existe algum conflito, mas para que as relações se constituam de forma respeitosa, onde as práticas educativas sejam permeadas pela participação de todas e todos (estudantes, docentes, famílias e a comunidade como um todo), com espaço para a construção colaborativa do currículo, para a participação democrática e crítica, onde todos se sintam valorizados e respeitados.

Do ponto de vista educativo, para que essa intencionalidade seja alcançada será exigido um compromisso de toda a equipe (docentes, dirigentes e demais colaboradores) com a formação continuada, comprometida com os direitos humanos de crianças, adolescentes e jovens, com foco na promoção, proteção e defesa desses direitos, buscando fazer a diferença e desenvolver uma mudança cultural que promova a formação de sujeitos críticos, éticos e solidários para o exercício da cidadania.

Um currículo com enfoque em direitos

Para conceituar a concepção de currículo aqui adotada, a definição trazida por Apple (2011 *apud* MOREIRA; TADEU, 2011, p. 9) é bastante adequada:

> O currículo nunca é apenas um conjunto neutro de conhecimentos, que de algum modo aparece nos textos e nas salas de aula de uma Nação. Ele é sempre parte de uma tradição seletiva, resultado da seleção de alguém, da visão de algum grupo acerca do que seja conhecimento legítimo. É produto das tensões, conflitos e concessões culturais, políticas e econômicas que organizam e desorganizam um povo.

O currículo deve materializar a diversidade cultural, os diferentes posicionamentos sociais dentro de uma sala de aula e as relações de poder existentes, não permitindo que o reconhecimento das diferenças marginalize ou privilegie os educandos, mas sim os reconhecendo enquanto sujeitos de direitos e dignidade. No âmbito teórico,

> [...] da segunda metade da década de 1990 em diante, as teorias pós-críticas começam a desafiar a hegemonia das teorias críticas, trazendo novas influências, novos problemas e novas temáticas para as discussões sobre currículo. Os textos se transformam e as categorias mais usuais na teorização crítica – poder, ideologia, hegemonia, reprodução, resistência e classe social – começam a ser substituídas por outras: cultura, identidade, subjetividade, raça, gênero, sexualidade, discurso, linguagem. A ênfase no conhecimento escolar desvia-se para a cultura e, como consequência, o objetivo central nas discussões passa a ser a compreensão das relações entre currículo, cultura e poder. (MOREIRA; TADEU, 2011, p. 9).

Como se materializa no currículo o direito da criança de aprender, considerando todas as suas necessidades especiais de aprendizagem? Como esse currículo garante a esta criança o direito de ser negra, indígena, respeita a sua orientação sexual, sua identidade de gênero, sua religião, sua diversidade? Como as práticas pedagógicas proporcionam o desenvolvimento integral desses sujeitos? E tantas outras perguntas que podemos lançar para listarmos os desafios cotidianos da escola em sua materialidade na garantia de direitos dos seus sujeitos de direito. De acordo com Candau,

> [...] a escola tem papel fundamental na construção da cultura de direitos humanos, contribuindo na formação de sujeitos de direito, mentalidades e identidades individuais e coletivas. No âmbito escolar, deve estar articulada ao combate do racismo, sexismo, discriminação social, cultural, religiosa e outras formas de discriminação presentes na sociedade brasileira. (BRASIL, 2003 *apud* CANDAU, 2006, p. 17).

E, nesse sentido, um currículo com enfoque em direitos humanos se apresenta como caminho único a se buscar no enfrentamento desses e outros desafios que impeçam o desenvolvimento pleno e a cidadania dos educandos.

A Educação, desde 2018, vive o desafio de implementação de uma Base Nacional Comum Curricular (BNCC) em todo o país. O referido documento traz como promessa servir de referência para a construção dos currículos de todas as redes públicas do país, representando um avanço para a equidade e qualidade da Educação brasileira (BRASIL, 2018). Entretanto, o que vemos é um contexto de dúvidas e insegurança diante de um documento que apresenta uma série de inadequações e controvérsias que comprometem o seu êxito. As redes teriam entre 2019 e 2020 para revisarem os seus currículos (BRASIL, 2018), tendo sido, porém, seriamente comprometida essa adequação, em virtude do contexto da pandemia do coronavírus vivida pelo país e pelo mundo, que gerou sérios impactos à Educação do país, principalmente à Educação Pública.

A Base explicita o seu comprometimento com uma educação integral, voltada à construção intencional de processos educativos que promovam aprendizagens sintonizadas com as necessidades, as possibilidades e os interesses dos estudantes e, também, com os desafios da sociedade contemporânea, considerando as diferentes infâncias e juventudes, as diversas culturas juvenis e seu potencial de criar novas formas de existir (BRASIL, 2018). O referido documento também propõe

> [...] a superação da fragmentação radicalmente disciplinar do conhecimento, o estímulo à sua aplicação na vida real, a

importância do contexto para dar sentido ao que se aprende e ao protagonismo do estudante em sua aprendizagem e na construção de seu projeto de vida. (BRASIL, 2018, p. 15).

A BNCC também apresenta em sua proposta a necessidade do desenvolvimento de dez competências nas crianças, adolescentes e jovens ao longo da educação básica. Entretanto, não faz menção a nenhuma proposta metodológica que viabilize ou mesmo contribua para o desenvolvimento dessas competências gerais. Competências como responsabilidade e cidadania, empatia e cooperação, autoconhecimento e autocuidado e comunicação são habilidades socioemocionais que não se desenvolvem por meio de exposição de conteúdos, mas vivenciando-as. Consequentemente, não devem ser medidas por meio de provas ou qualquer outro instrumento avaliativo, na intenção de quantificar este conhecimento. Enfim, a proposta de um currículo com enfoque em direitos está lançada. Resta-nos encontrar os meios para promover e assegurar esses direitos. A figura a seguir traz as competências gerais da BNCC:

Figura 1 – As 10 Competências Gerais da BNCC

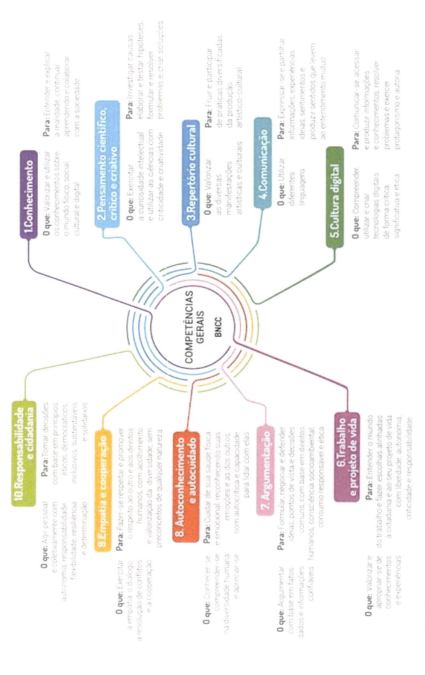

Fonte: BRASIL. BNCC (2018)

As competências acima são de natureza intrinsecamente subjetivas, socioemocionais, levando em consideração o modo de ser do sujeito, de se expressar no mundo, sendo constituídas a partir das inter-relações estabelecidas com outros sujeitos, e do processo de convivência que eles experimentarão.

Considerando a formação integral deles, a busca por práticas que fomentem uma cultura de valorização e respeito às pessoas torna-se um caminho irrefutável. E é nesse viés que as práticas restaurativas surgem como proposta de atuação no itinerário da escola, e a inserção delas neste espaço pode ser vista como uma estratégia metodológica para o desenvolvimento dessas competências, tendo em vista o seu potencial no desenvolvimento de relações sociais significativas, de aceitação e inclusão. Como bem pontua a BNCC:

> No novo cenário mundial, reconhecer-se em seu contexto histórico e cultural, comunicar-se, ser criativo, analítico-crítico, participativo, aberto ao novo, colaborativo, resiliente, produtivo e responsável requer muito mais do que o acúmulo de informações. Requer o desenvolvimento de competências para aprender a aprender, saber lidar com a informação cada vez mais disponível, atuar com discernimento e responsabilidade nos contextos das culturas digitais, aplicar conhecimentos para resolver problemas, ter autonomia para tomar decisões, ser proativo para identificar os dados de uma situação e buscar soluções, conviver e aprender com as diferenças e as diversidades. (BRASIL, 2018, p. 14).

E, além disso, a BNCC apresenta como uma das suas competências

> [...] o estímulo à empatia, ao diálogo, à resolução de conflitos e à cooperação, fazendo-se respeitar e promover o respeito ao outro e aos direitos humanos, com acolhimento e valorização da diversidade de indivíduos e grupos sociais, seus saberes, identidade, culturas e potencialidades, sem preconceitos de qualquer natureza. (BRASIL, 2018, p. 10).

Logo, pode-se desenvolver a competência "Comunicação" utilizando a metodologia de Belinda Hopkins (2011), do trabalho com os 5 temas restaurativos na criação de uma turma restaurativa. Abordando esses 5 temas, ela propõe desenvolver um ambiente afetuoso, inclusivo e harmonioso em sala de aula e habilidades pró-sociais nos educandos da turma.

Nesse ínterim, primeiramente, é necessário que o professor seja "modelo de certas habilidades e deve assegurar que o planejamento e execução das aulas irão criar oportunidades para que estas habilidades sejam aprendidas e praticadas" (HOPKINS, 2011, p. 8). É importante valorizar e respeitar todos os pontos de vista e perspectivas da turma.

> Um professor restaurativo reconhece que uma comunicação eficiente – expressão e recepção – requer habilidade. Saber se expressar de modo a ser ouvido, e aprender a ouvir e aceitar o que os outros estão dizendo sem colocar barreiras ao entendimento e empatia são habilidades que são desenvolvidas em uma classe restaurativa e exemplificadas pelo professor. (HOPKINS, 2011, p. 8).

O professor, de acordo com o tema 1 — "Todos têm sua perspectiva própria, única e valorizada" (HOPKINS, 2011, p. 4), mediante o planejamento de aula, das atividades, deve oportunizar à turma aprender e praticar as seguintes habilidades:

> Ouvir sem interromper. Ter uma mente aberta. Fazer perguntas eficientes que estimulem os outros a falar o que necessitam. Aprender a fazer observações ao invés de julgamentos ou avaliações. Desenvolver confiança para falar alto em frente dos outros em várias situações, um- a-um, em pares, em pequenos grupos, em frente de toda a classe e em reuniões que envolvem adultos. Aprender a arte da conversa e diálogo. (HOPKINS, 2011, p. 9).

Quanto mais oportunidades os sujeitos tiverem para praticar, considerando que as pessoas aprendem fazendo, não só se aprofundarão como também melhorarão a aprendizagem dos conteúdos das disciplinas. Neste sentido, a autora sugere alguns exemplos de perguntas que o professor deverá utilizar e estimular que os educandos utilizem entre eles para promover o diálogo e a escuta significativa:

> O que você acha? Qual o seu ponto de vista sobre aquilo? Você decide. Você é quem sabe. Primeiro me diga suas ideias. Que interessante, nós temos opiniões diferentes sobre aquilo. Fale mais. Você pode explicar como teve esta ideia? (HOPKINS, 2011, p. 9).

Sendo assim, as práticas restaurativas possibilitarão que a escola desenvolva essas habilidades e competências sociais propostas pela BNCC (2018). E, neste âmbito, com foco na integralidade dos sujeitos e nas suas multidimensionalidades, a escola terá que propor um currículo integrador e humanizado, seu principal recurso para materializar uma prática norteada por propostas pedagógicas coerentes para atender aos diferentes objetivos e às diferenças individuais que busca alcançar na educação de um ser íntegro e integral. E, ainda, ter como premissa a formação permanente de seus educadores.

É importante salientar que a possibilidade de efetivação das práticas restaurativas nas escolas encontra respaldo em outros documentos, como a Constituição Federal de 1988 e as Diretrizes Nacionais para Educação em Direitos Humanos (EDH), cuja intencionalidade é fortalecer espaços educativos de formação humana, voltados ao exercício da autonomia individual, interdependência social e realização de projetos de vida emancipadores. As Diretrizes Nacionais para Educação em Direitos Humanos, em seu art. 3º, esclarece que:

> A Educação em Direitos Humanos, com a finalidade de promover a educação para a mudança e a transformação social, fundamenta-se nos seguintes princípios: I - dignidade humana; II - igualdade de direitos; III - reconhecimento e valorização das diferenças e das diversidades; IV - laicidade do Estado; V - democracia na educação; VI - transversalidade, vivência e globalidade; e VII - sustentabilidade socioambiental. (BRASIL, MEC, 2012, p. 1).

Desta forma, o processo educativo, amparado nos direitos humanos e na utilização das práticas restaurativas como uma tecnologia social, produz oportunidades de aprendizagem, de forma a contribuir para o desenvolvimento integral dos sujeitos, a convivência saudável em grupo e a promoção para o exercício da cidadania, considerando crianças e adolescentes como protagonistas donos do processo de aprendizagem, e o educador mediador deste processo, formando sujeitos críticos, éticos, autônomos e solidários que contribuam para o desenvolvimento de uma sociedade mais justa.

Considerações Finais

A escola, para além de ser um espaço que possibilita o desenvolvimento cognitivo dos seus educandos, é responsável por protegê-los de toda forma de violação de direito e por promover condições de desenvolvimento integral (espiritual, mental, físico, emocional e social). E, para isso, precisa buscar meios para lidar com a violência em seus espaços e promover um ambiente favorável à aprendizagem de qualidade.

As Práticas Restaurativas, por serem, essencialmente, uma abordagem dialógica, e pelos seus princípios e valores — responsabilização, reparação de dano, participação, inclusão do respeito ao outro e conexão entre as pessoas —, serão para a escola um recurso essencial na construção desse espaço seguro e de uma cultura de paz.

E por meio da promoção de relações saudáveis, baseadas no respeito mútuo e na empatia, a escola conseguirá manejar os conflitos existentes para se tornar um espaço livre de violência, onde a participação, o diálogo e a escuta atenta são valorizados.

Para isso, o currículo da escola precisa ter enfoque nos direitos humanos, para que seus processos educativos sejam dialógicos, participativos e dinâmicos, e promovam a formação de sujeitos éticos, críticos e solidários, por meio de uma educação emancipadora e humanizada. Nesse contexto, as práticas restaurativas possibilitarão o encontro e a interação respeitosa que todos os sujeitos em sua especificidade e diversidade precisam para conviver de forma harmônica e fraterna.

Desta forma, conclui-se que a implementação das práticas restaurativas no contexto escolar, além de ser um recurso para o manejo dos conflitos, se torna uma metodologia essencial para a promoção dos direitos humanos de seus educandos e implementação e consolidação de uma cultura de paz e bem-estar, tornando esse espaço seguro para o pleno desenvolvimento desses sujeitos.

Referências

ABRAMOVAY, M. (coord). **Escolas inovadoras**: experiências bem-sucedidas em escolas públicas. Brasília: UNESCO, 2003. ISBN 85-87853-79-1.

ARAUJO, J. R. de. **Educação emocional e social**: um diálogo sobre arte, violência e paz. 2. ed. Ribeirão Preto: Editora Inteligência Relacional, 2015.

ARROYO, M. G. **Currículo, território em disputa**. Petrópolis: Vozes, 2014.

BARBOSA, R. C. **Educação integral em tempo integral**: desafios da incorporação das Práticas Restaurativas com enfoque em direitos humanos no espaço escolar. Dissertação (Mestrado em Direitos Humanos e Políticas Públicas) – Escola de Educação e Humanidades, Pontifícia Universidade Católica do Paraná, Curitiba, 2019.

BOONEN, P. M. **A Justiça Restaurativa, um desafio para a educação**. 261 p. Tese (Doutorado em Educação) – Programa de Pós-Graduação em Educação, Faculdade de Educação, Universidade de São Paulo, São Paulo, 2011.

BRASIL. Constituição da República Federativa do Brasil. **Fisco e Contribuinte**, São Paulo, 1988. p. 1–135.

BRASIL. MEC. **Diretrizes Nacionais para a Educação de Direitos Humanos**. Brasília, 2012.

BRASIL. MEC. **BNCC – Base Nacional Comum Curricular**. Brasília, 2018.

CANDAU, V. M. **Educação e direitos humanos, currículo e estratégias pedagógicas**. 2006. Disponível em: http://www.dhnet.org.br/direitos/militantes/veracandau/candau_dh_curriculo_ estrategias_pedagogicas.pdf. Acesso em: 29 mar. 2018.

FREIRE, P. **Pedagogia da autonomia**: saberes necessários à prática educativa. 25. ed. São Paulo: Paz e Terra, 1996.

FOUCAULT, M. **Vigiar e punir, nascimento da prisão**. 29. ed. Petrópolis: Editora Vozes, 1999.

GRECCO, Aimée *et al.* **Justiça restaurativa em ação**: práticas e reflexões. São Paulo: Dash, 2014, cap. 6, p. 147-157.

HOPKINS, B. **A sala de aula restaurativa**: usando abordagens restaurativas para promover aprendizado eficaz. Londres: Optimus Education, 2011.

IPEA. **Atlas da Violência 2020**. Brasília, 2020. Disponível em: https://www.ipea.gov.br/atlasviolencia/download/24/atlas-da-violencia-2020. Acesso em: 2 ago. 2021.

LIMA, C. de; AMÉRICO JUNIOR, E. Educar para a paz: práticas restaurativas na resolução de conflitos escolares. **Movimento** – revista de educação, Universidade Federal Fluminense, v. 2, n. 3, 2015.

MOREIRA, A. F.; TADEU, T. (org.). **Currículo, cultura e sociedade**. 12. ed. São Paulo: Cortez, 2011.

PERRENOUD, P. **A pedagogia na Escola das Diferenças**: fragmentos de uma sociologia do fracasso. Porto Alegre: Artmed, 2001.

PRANIS, K. **Círculos de justiça restaurativa e de construção de paz**: guia do facilitador. Escola Superior da Magistratura da AJURIS. Tradução: Fátima de Bastiniani. 2010.

ZEHR, H. **Justiça restaurativa**. São Paulo: Palas Athena, 2015.

Capítulo 5

PRÁTICAS RESTAURATIVAS E CULTURA DA PAZ: TRANSFORMANDO UMA COMUNIDADE EDUCATIVA

Bruna Tibolla

Um novo começo

No Marista Escola Social – Unidade Itapejara, situado na cidade de Itapejara D'Oeste-PR, as práticas educacionais vinculados com o verbo esperançar foi conjugado pelo fazer de uma comunidade comprometida com a promoção dos direitos humanos. Pensar a cultura da paz e as vivências restaurativas no ambiente escolar requer ousadia e coragem. Além disso, requer novas discussões e ampliação do repertório profissional dos educadores. Paulo Freire (1992, p. 5), em Pedagogia da Esperança afirma que a esperança é imperativo existencial e histórico e que junto dela faz-se necessário andar a consciência e a ação crítica. No Marista Escola Social – Unidade Itapejara, as proposições para uma ação reflexivo-crítica voltada a processos educativos que promovem a cultura da paz, ampliaram sentidos e horizontes.

Falamos de um município que se confronta com os altos índices de violência e uma rede socioassistencial ainda em construção. Muitos são os encaminhamentos de violências diversas, realizados rotineiramente, pela equipe psicossocial da unidade para os serviços de referência. Muitas são as famílias que, quando ouvidas, relataram a preocupação com a violência a que estas crianças e adolescentes estão sendo expostos. Em decorrência desta exposição o ciclo da violência vem sendo reproduzido nos espaços educativos de forma contumaz.

Diante desse contexto, viu-se a necessidade de pensar essa mudança de paradigma através dos pressupostos metodológicos das práticas restaurativas no ambiente educativo, a partir da metodologia das escolas restaurativas,

Hopkins (2011, p. 6), que ao construir sua teoria, abre os braços para a empatia. Ora, se o espaço de fala é legitimado para todos os sujeitos envolvidos, a responsabilidade coletiva pelas escolhas também é de todas e todos na construção de escolas restaurativas com enfoque em direitos humanos.

A proposta considerou as reflexões empíricas da contracultura solidificada e reforçada pela conjuntura social da punição, a cultura da paz, do diálogo, da solidariedade ao pensar em espaços educativos e de incidência que fortalecesse tal experiência. A Organização das Nações Unidas (2015), em sua ODS 16 (Objetivos de Desenvolvimento Sustentável) enaltece a promoção de sociedades pacíficas e inclusivas para o desenvolvimento sustentável, bem como ODS 04 que defende a promoção de oportunidade e habilidades de aprendizagem ao longo da vida e de uma educação que contemple a igualdade de acesso, os direitos humanos. A igualdade de gênero e a promoção da cultura da paz e não violência, está se dando a educação emancipadora e garantidora de direitos na unidade social supramencionada.

O Marista Escola Social - Unidade Itapejara enquanto espaço de afirmação da cultura da paz e da justiça restaurativa

O projeto Cesmar Restaurativo: por uma cultura da paz, foi pensado e gerido com o objetivo de propor estratégias e possibilidades para uma educação voltada à cultura da paz, reunindo referenciais teóricos que possibilitem novas interfaces com as ações educativas, para as práticas restaurativas dentro da unidade marista em questão.

A discussão no Grupo Marista, resultante da Justiça Restaurativa, já possui aplicação empírica. Em Itapejara D'Oeste, tudo começou a partir de formações ministradas em 2016 no Marista Escola Social – Unidade Itapejara, pelos assessores especializados da então Diretoria Executiva da Ação Social – DEAS. O percurso formativo iniciou com proposições da gestão participativa democrática e da importância de uma educação que pensasse a construção coletiva com educandos e educandas de assembleias para tratar os conflitos recorrentes na unidade.

Dessa maneira, a semente plantada deu frutos pelo território do Sudoeste do Paraná. Cabe ressaltar ainda que a consolidação de espaços educativos que promovam a cultura da paz e a consequente construção de uma sociedade pacífica, já estava prevista na revisão da educação básica do Marista Escolas Sociais, por meio do projeto Tessituras lançado no ano de 2018.

Unindo então, os alinhamentos institucionais com o desejo de pensar práticas socioeducativas, o Cesmar Restaurativo foi pensado. Inicialmente, havia um diagnóstico no Marista Escola Social – Unidade Itapejara: os conflitos recorrentes estavam impactando na meta de atendimento e gerando desligamentos em razão da violência. Além disso, a proposta pedagógica para o atendimento de 300 crianças e adolescentes itapejarenses mostrava-se fragilizada, e este espaço tão potente de relações, via-se cotidianamente manejando os conflitos de forma violenta e buscando soluções punitivas na tentativa de dissipar tal contexto. Por isso, muitas famílias procuraram a unidade social para esclarecer e demonstrar preocupação com os conflitos recorrentes entre os educandos que também se estendiam para o contraturno escolar. A urgência em pensar uma mudança da cultura escolar foi notória.

A partir, então, desse diagnóstico e do percurso histórico das práticas restaurativas apresentadas à unidade educacional, foi criado o projeto Cesmar Restaurativo: por uma cultura da paz. O foco da pesquisa e da aplicação do projeto, bem com as devolutivas dessa construção, se concentravam junto da equipe pedagógica composta pela coordenação, pelas educadoras e pelos educadores.

O recorte temporal do projeto ocorreu entre os meses de outubro de 2018 até outubro do ano de 2019. O investimento inicial evidenciou formações continuadas e a construção das intervenções do projeto a partir do olhar e sugestões da própria equipe de educadores.

Sob orientação teórica dos pressupostos da democracia participativa e deliberativa a equipe de profissionais se reuniu a partir da pergunta inicial: *"O que você precisa para construir um projeto que evidencie e pratique a metodologia das práticas restaurativas?"*. Neste espaço de escuta ativa e permanente, as e os responsáveis pela relação diária com as crianças e os adolescentes trouxeram suas necessidades, sendo elas: formações sobre a temática das práticas restaurativas, repertórios de aplicação da metodologia, ideias para ação na relação em sala, presença significativa da equipe gestora no transcorrer do projeto. Foram também evidenciados alguns valores importantes para a consolidação do projeto, dentre estes: confiança, empoderamento, motivação, companheirismo, coletividade e espírito de equipe. Firmado esse comprometimento coletivo, iniciaram-se as formações que percorreram todo os itinerários formativos pedagógicos do último trimestre de 2018.

As formações continuadas para que os professores capacitados pudessem trabalhar, os relacionamentos junto à comunidade educativa de forma preventiva, alinhados ao Art. 1º da Resolução 225/2016 do Conselho Nacional de Justiça, que instituiu a justiça restaurativa como possibilidade de trato aos atos infracionais. Entretanto, pensar justiça restaurativa para além do ambiente judiciário consiste em pensar a conscientização dos relacionamentos de forma preventiva. Ora, veja-se, se existem seres humanos, existem relações e conflitos. Considerando a mediação dos conflitos e a abordagem restaurativa, a resolução enumera o que anteriormente fora citado por Hopkins (2004, *apud* PEDROSO; MLYNARZ, 2014): a necessidade da participação de todos os envolvidos direta ou indiretamente.

Imprescindível salientar, que a existência de itinerários formativos não se deu apenas de forma inicial e provisória, mas sim durante todo o percurso do projeto, bem como, em encontros mensais para discussão dos mais diversos temas e interfaces possibilitadas pela prática e escuta dos educadores. A realização do projeto aproveitou os espaços formativos já estabelecidos pelo calendário pedagógico do Marista Escola Social - Unidade Itapejara, sempre com respaldo e companheirismo da coordenação pedagógica, figura fundamental para a construção e desenvolvimento das atividades.

As temáticas trabalhadas neste percurso foram as práticas restaurativas na sala de aula, construção de processos circulares, o perguntar restaurativo, comunicação não violenta, gestão de conflitos em sala de aula e como proporcionar uma criação lúdica de todos esses processos objetivando a ampliação da curiosidade e participação dos alunos nas atividades restaurativas. Diante de tal construção teórica viu-se a necessidade de criar, a partir da estratégia, a hora do círculo, uma rotina de encontros semanais em todos os projetos trabalhados, possibilitando o exercício da escuta, do processo circular, da solidariedade e da horizontalidade, rotineiramente.

Em se tratando dos conflitos, para além da estratégia circular, utilizou-se o perguntar restaurativo e toda a sua intencionalidade reflexiva e de corresponsabilização para o manejo das situações de forma não violenta. Importa ressaltar que o processo formativo para o uso dos temas e perguntas restaurativas, se deram em esfera geral. Ou seja, todas (os) as (os) colaboradoras (es) estavam presentes nos espaços formativos e foram convidados a utilizar a metodologia em suas relações educativas, permitindo assim o uso das ferramentas conversacionais em todas as esferas de atendimento: com as crianças e adolescentes, com suas famílias, com a rede socioassistencial e a comunidade educativa como um todo.

Um Projeto de Práticas Restaurativas em Ação.

Como já mencionado, a necessidade então de pensar repertórios de mudança do paradigma punitivo levou o Marista Escola Social – Unidade Itapejara ao desenvolvimento de um projeto voltado para a educação da cultura da paz através dos pressupostos metodológicos das práticas restaurativas no ambiente educativo, a partir de Hopkins (2004, p. 6 *apud* GRECCO *et al.*, 2014). Tal projeto produziu significativas mudanças na unidade e na forma com que os conflitos passaram a ser manejados a partir de uma abordagem não violenta e de construção de paz.

O projeto aplicado salientou o poder do círculo que segundo Kay Pranis, (2010, p. 16) "se dá sob o contar histórias, e que, cada história oferece uma lição". Todas as histórias ali contadas, nos círculos, se unem à humanidade de outras histórias e auxiliam na percepção e beleza da profundidade do ser humano. Para a mediação de conflitos a unidade adotou a metodologia supramencionada e o perguntar restaurativo proposto por Belinda Hopkins (2004 *apud* PEDROSO; MLYNARZ, 2014).

Considerando a proposta educativa Marista, que prima pela dignidade de toda a pessoa, da essencialidade de ser sujeito social, de sua educabilidade e liberdade, tornou-se indispensável garantir o direito à participação de todos os sujeitos nesta construção. De acordo com Romero (2012), participar não é por si só um ato findo. É processual, gradual dependente das relações que se configuram nos mais diversos espaços sociais. Nesse sentido, a observação em campo do projeto aqui destacado, cumpre ressaltar que, quanto mais as relações se conectavam e a compreensão de que era possível manejar os conflitos de forma não violenta se dissipava pela unidade, mais intenso e participativo se tornava o processo.

Nos espaços de educação formal e não formal que desejam cuidar das pessoas e construir relações e vínculos saudáveis, uma das possibilidades de aplicação se consolida ao uso da metodologia de Belinda Hopkins em seu livro *Just Schools* (2004). Tal metodologia convida todos os segmentos da comunidade escolar à corresponsabilização no que tange a construção de um espaço de convivência seguro, justo e que valorize a igualdade, justiça, pertencimento, reconhecimento e inclusão. A proposta metodológica também propõe o uso de perguntas e conversas restaurativas, processos circulares, conferências restaurativas, estratégias de fortalecimento de vínculos, jogos, dinâmicas e diversões voltadas ao estabelecimento de conexões (PEDROSO; MLYNARZ, 2014).

Desta feita, cumpre salientar o poder que as práticas circulares e a geometria circular possuem nesta abordagem. O círculo é o que Pranis (2010) chama de perpetuação de tradições dos povos originários. De acordo com a concepção da autora, todas as possibilidades de se pensar processos circulares advém da forma como as famílias se reuniram, durante séculos, em volta de uma mesa para resolver seus problemas, se apoiar uns nos outros e estabelecer vínculos. O método circular que congrega as pessoas e chega a um entendimento mútuo foi utilizado pelas comunidades indígenas norte-americanas e pelas ancestralidades africanas que se utilizavam de um bastão de fala, que passava de pessoa para pessoa lhe conferindo o direito de falar enquanto os outros ouviam.

Nesse sentido, a proposta metodológica dos processos circulares de construção de paz alicerçados em Kay Pranis e e Caroline Watson, a partir das inspirações de construção coletiva dos povos originários, resguardam momentos de trocas coletivas, em formato de roda, de modo que todas as pessoas possam se expressar a partir da utilização de um bastão da fala. a organização do círculo prevê um momento de abertura e apresentação, a troca principal e um momento de fechamento.

Em consonância, as propostas de Belinda Hopkins (2004), asseguram o espaço circular como oportunidade de criação de consenso, mediação de conflitos e fortalecimento de um clima escolar positivo. O *check-in,* a atividade principal, o *check-out* e o bastão da fala são ferramentas utilizadas para a troca entre a comunidade escolar. As práticas restaurativas na sala de aula se respaldam nos cinco temas restaurativos.

Os itinerários formativos se debruçaram na metodologia proposta por Belinda Hopkins (2004) e os processos circulares de construção de Kay Pranis e Caroline Watson (2011). Dessa forma, foi definida a quinta-feira para a realização dos círculos preventivos com todos os educandos semanalmente, para a criação de combinados e regras da sala, intervenções nos planejamentos, diálogo horizontal, escuta ativa das famílias, da rede socioassistencial e da comunidade além de proposições dos mais variados modelos de círculos, dentre eles: círculos dos afetos, de diálogo, de construção da paz, dos sonhos, da amizade, círculos para a resolução de problemas em equipe, círculos de conexão, círculos da vida, dentre outros.

O trabalho com as práticas restaurativas exige de quem se aventura, olhares e perspectivas para as dimensões holísticas e relacionais do ser humano, bem como, as formas como pensar o seu desenvolvimento social e consciência emocional. Dessa forma, evidenciando a conexão humana e desenvolvimento de vínculos, a partir da metodologia circular, tem-se a intencionalidade de fazer com que a condução se projete para demais dimensões daqueles que a experimentam e se tornem um hábito (WATSON; PRANIS, 2011).

Os educadores se aventuraram nesta construção diária, consistente e utilizaram tais círculos para discutir com os alunos diversos temas, tais como: autocuidado, emoções e sentimentos, respeito, afetos etc. Em se tratando dos círculos com as famílias, estes momentos evidenciaram as necessidades das mesmas, frente ao trabalho desenvolvido pela unidade, como o caso da resolução de conflitos, do entendimento dos objetivos de atividades pedagógicas realizadas.

As proposições práticas do projeto perpassaram pela construção de garrafas da calma, de ressignificação do espaço educador, preparando um ambiente acolhedor para a mediação dos conflitos, oportunizando aos educandos a compreensão de como é possível resolver um conflito utilizando algumas perguntas fáceis e importantes. Além disso, os educandos atuaram ativamente pensando temas para os demais círculos da semana que lhes fossem interessantes. Surgiu o círculo do girassol, dos super-heróis, da família, do café, da amizade e mais uma infinidade de oportunidades para o diálogo horizontal.

Nesse sentido, as práticas restaurativas partem do pressuposto da construção de um capital social e da disciplina social a partir do aprendizado participativo e do processo justo de aprendizagem e senso de comunidade. Em suma, os seres humanos são felizes e cooperativos em prol da mudança, quando os demais, que ocupam posições hierarquizadas realizam atividades com eles e não para eles ou por eles (INSTITUTO INTERNACIONAL DE PRÁTICAS RESTAURATIVAS, 2013, p. 3).

A escuta ativa de todos os componentes da comunidade educativa tende produzir efeitos importantes em relação ao contexto da violência. É preciso mostrar os dados as mediações realizadas mensalmente pelos educadores e equipe gestora. As intervenções restaurativas e as ferramentas conversacionais são utilizadas por toda a equipe de educadores e foram difundidas para a unidade por meio do projeto APROXIMAR, utilizando as vias restaurativas para o trabalho com o engajamento dos colaboradores. O poder inumerável do círculo presente em todas as atuações da unidade social e impactando vidas.

Segundo Giareta (2012), a gestão, a serviço da participação, implica em desenvolver novas formas de organização do trabalho diferenciadas no que concerne ao modelo tradicional e hierarquizado, que contribuam em um exercício do poder que afete a gestão e a organização de espaços. Tal exercício exerce forte influência no empoderamento e significação cultural dos sujeitos em formação cidadã.

Para Belinda Hopkins (2004, *apud* PEDROSO; MLYNARZ, 2014) o primeiro passo para pensar uma comunidade educativa restaurativa é tornar tal escola ouvinte, ou seja, a condução dos processos de escuta das necessidades precisa ser orgânico e vivencial. Tal concepção, enaltece as construções das proposições educativas Marista para uma gestão participativa.

O poder do círculo reside, segundo Kay Pranis (2010), no contar histórias e na maneira como cada história oferece uma lição. Nesse sentido, para que haja recomposição do tecido social e a reparação do dano a responsabilização de todos precisa ser ativa. Segundo a autora, a possibilidade de sentimento de pertença será muito maior se as histórias dos sujeitos forem verdadeiramente ouvidas. O cerne de um círculo é o reconhecimento de que todos precisam de ajuda e que, quando ajudamos os outros, estamos ajudando a nós mesmos. Existe então, uma nova concepção do problema e novas possibilidades de se pensar em resolução.

Os círculos quando são novidades podem criar ambientes de constrangimento, assim como as perguntas citadas anteriormente. Entretanto, quando o perguntar e a geometria circular se apresentarem como rotina a tendência é que o grupo se sinta à vontade para expressar suas verdadeiras necessidades no espaço educativo. É sempre importante para a conexão dos sujeitos que conversem, se expressem e criem vinculações (COSTELLO; WACHTEL; WACHTEL, 2012).

Nesse processo de geometria circular, práticas restaurativas, perguntas que possibilitam as resoluções a partir da corresponsabilização, faz-se importante citar a comunicação não violenta como ferramenta para uma comunidade educativa que preconize a cultura da paz. Conforme D'Ansembourg (2018), os princípios da comunicação não violenta (CNV) há séculos fazem parte do inconsciente coletivo, mas ainda não são efetivamente postos em prática, contudo, os conflitos decorrentes da comunicação são apresentados em um nível consciente.

Depois de toda a construção do projeto em uma perspectiva de tempos, o benefício de maior alcance foi a organicidade dos círculos preventivos que permitiu o encerramento do projeto enquanto estratégia da psicóloga da unidade. Atualmente, as práticas restaurativas compõem os planejamentos pedagógicos e toda a rotina da unidade perpassa pelo manejo de conflitos de forma não violenta. Crianças e adolescentes se apropriaram das ferramentas conversacionais e dialogais para a mediação de conflitos e compreendem hoje, que dentro da unidade social podem expressar suas necessidades sem ferir as necessidades do outro.

Destaca-se também que a escolha em construir uma comunidade educativa baseada no processo de comunicação não violenta estimulou os sujeitos a refletirem sempre que há uma forte reação sobre algo. Em suma, ele é composto de quatro fases: a observação (1) que reverbera em um sentimento (2) que corresponde a uma necessidade (3) e solicita que seja feito um pedido (4). Quando existe a identificação do que nos desperta uma reação é possível então visualizar quais sentimentos são evocados, que necessidades precisam ser atendidas e isto posto, formalizar um pedido que concerne ao processo vivenciado (D'ANSEMBOURG, 2018).

Além disso, o uso das perguntas e temas restaurativos como estratégia de manejo dos conflitos de forma não violenta permitiu alcance das famílias, escolas parceiras e universidades da região. A partir da formação continuada e do acompanhamento periódico dos conflitos ocorridos criou-se uma metodologia que objetivou acompanhar, apoiar e fomentar o uso de tal metodologia por toda a equipe de educadores e dos colaboradores da unidade educacional, entendendo a corresponsabilização pela construção de um espaço comprometido com a construção da cultura da paz.

As construções circulares como princípio educativo de corresponsabilização horizontal em relação aos conflitos

Cumpre ressaltar que as construções circulares também possibilitam a mediação de conflitos de maneira horizontal e construindo um diálogo para a compreensão. Belinda Hopkins (2004, *apud* PEDROSO; MLYNARZ, 2014) sugere um processo a partir de temas restaurativos e perguntas que permite dar aos envolvidos a oportunidade de explicar como eles veem a situação, dar voz aos sentimentos, reconhecer as necessidades presentes, para que, posteriormente, sejam pensadas maneiras de garantir que estas sejam atendidas.

De acordo com a metodologia proposta por Belinda (2004, *apud* PEDROSO; MLYNARZ, 2014, p. 188) os temas restaurativos e perguntas são as seguintes:

Tema 1: Cada um tem sua perspectiva única e igualmente valorizada.

Perguntas sugeridas: O que aconteceu? O que está acontecendo?

Tema 2: Pensamento influencia emoções e emoções influenciam ações.

Pergunta sugerida: O que você estava pensando naquele momento e o que estava sentindo?

Tema 3: Prejudicar e afetar.

Pergunta sugerida: Quem foi afetado/prejudicado pelo que aconteceu? Como foram afetados?

Tema 4: Necessidades.

Pergunta sugerida: O que você precisa para se sentir melhor em relação a isso?

Estas perguntas e temas restaurativos podem ser utilizados para desenvolver as mais diversas habilidades em espaços educativos para as mais variadas situações com a presença ou não de um facilitador. Nos espaços educativos diversas estratégias podem ser utilizadas para a promoção de relacionamentos saudáveis como o perguntar restaurativo, círculos preventivos, conversas restaurativas e conferências ou encontros que são os momentos de mediação dos conflitos na presença de um facilitador a fim de buscarem juntos a melhor maneira de reparar os danos. (HOPKINS, 2004, *apud* PEDROSO; MLYNARZ, 2014).

Compreender o conflito como parte que integra a vida e seus respectivos relacionamentos torna-se imprescindível para a aplicação das práticas restaurativas. Quando opiniões são explicitadas, sempre haverá necessidades e interesses conflitantes nesse ambiente e lidas com esses conflitos de forma congruente faz parte da função dos educadores e de toda a comunidade educativa, quando se deseja um ambiente em que os relacionamentos são respeitados. (COSTELLO; WACHTEL; WACHTEL, 2012).

É oportuno mencionar que relacionamentos não mediados pelo respeito produzem ódio e indiferença em relação ao outro. O educador Paulo Freire afirma que "Não se pode falar de educação sem amor". As práticas restaurativas, antes de mais nada ensinam que para olhar com empatia, é preciso acreditar nas possibilidades e singularidades de cada ser. É preciso construir relações em que as pessoas se importam umas com as outras.

Uma das perguntas que compõem a metodologia do perguntar restaurativo proposto por Hopkins (2011) evidencia: O que você precisa para que possa seguir em frente? A resposta para *"O Marista de Itapejara"* – é dessa forma que os itapejarenses conhecem o trabalho do grupo em seu território –, parece ser o ser humano em contato com seu mais íntimo eu. É educação para a vida, emancipadora. São os direitos humanos transversando a dança do educar.

É notável e importante destacar que a abordagem educada e respeitosa ajudará os jovens a se engajarem e a buscarem em seus movimentos a superação de realidades educativas e de territórios violentos.

A proposta, constituiu as bases sólidas das incidências em espaços além muros do Serviço de Convivência e Fortalecimento de Vínculos (SCFV) firmando parcerias e formações em faculdades, universidades e na rede municipal de estadual de educação do município, bem como, na rede socioassistencial da Itapejara D'Oeste. Além disso, as externalidades e reconhecimentos ao projeto Cesmar Restaurativo – por uma cultura da paz, foram inúmeros, destacando-se: SELO Sesi ODS 2019 pelo trabalho alinhado ao ODS 16, apresentação da prática na I Mostra Nacional de Práticas em Psicologia na Assistência Social, certificação pelo Instituto GRPCOM no 1.º Prêmio Impulso de Boas Práticas no 3.º Setor, apresentação do projeto no XIV Congresso Nacional de Educação – EDUCERE e a aprovação pelo Instituto Internacional de Práticas Restaurativas - Latino América no Congresso Internacional Justiça e Educação.

Considerações Finais

Durante toda a experiência acima relatada, é possível destacar que o Marista Escola Social - Unidade Itapejara, escolheu o caminho da educação para a cultura da paz, a partir de uma alternativa teórica e prática de gestão pacífica de conflitos.

O objetivo deste processo, não se deu em excluir os conflitos do cotidiano escolar, mas sim pensar forma de manejo e de gestão de forma não violenta, considerando pontos de vista e o envolvimento de toda a comunidade educativa, em um processo longo e aprofundado de mudança de cultura.

As estratégias utilizadas pela unidade educacional ressoam como possibilidade no processo de incidência das práticas restaurativas em outros espaços educacionais. É possível pensar a partir da experiência coletiva, solidificar redes de apoio e gerir processos considerando a gestão democrática e participativa.

Para tanto, o compromisso e corresponsabilização de toda a comunidade educativa se dá como indispensável à construção de territórios realmente engajados na educação para a cultura da paz e a promoção de sociedades pacíficas.

Além disso, os espaços educacionais se apresentam como potentes *lócus* de incidência, intervenção e diálogos sociais. A escola emancipadora e envolvida com as práticas restaurativas sabe a força do coletivo e nela se alicerça. A esperança se dá pelo diálogo e pela construção de redes de apoio.

Referências

CONSELHO NACIONAL DE JUSTIÇA. **Resolução 225/2016**. Disponível em: http://www.cnj.jus.br/images/atos_normativos/resolucao/resolucao_225_31052016_02062016161414.pdf. Acesso em: 27 maio 2019.

COSTELLO, B.; WACHTEL J.; WACHTEL, T. **Manual de Práticas Restaurativas – para docentes, agentes disciplinadores e administradores de instituições de ensino**. Instituto Internacional de Práticas Restaurativas: Perú, 2012.

D'ANSENBOURG, T. **Como se relacionar bem usando a comunicação não violenta**. Rio de Janeiro: Sextante, 2018.

DEAS – DIRETORIA EXECUTIVA DA AÇÃO SOCIAL. **Tessituras** – a escola que queremos. Disponível em: https://maristamais.grupomarista.org.br/wp-content/uploads/2018/10/Documento-Tessituras-final.pdf. Acesso em: 27 maio 2019.

FREIRE, P. **Pedagogia da Esperança**: reencontro com a Pedagogia do Oprimido. Disponível em: http://peadanosiniciais.pbworks.com/f/Pedagogia_da_Esperanca_-_Paulo.pdf. Acesso em: 27 maio 2019.

GIARETA, P. F. Gestão Democrática: concepções, políticas e desafios. *In:* FIORAVANTE, P. (org.). **Direito à Aprendizagem e Gestão Democrática**: caminhos possíveis. São Paulo: FTD, 2012. p. 19-41.

GRECCO, A. *et al*. **Justiça Restaurativa em ação**: práticas e reflexões. São Paulo: Dash, 2014.

HOPKINS, B. **Práticas Restaurativas na Sala de Aula**. São Paulo, 2011. Disponível em: http://www.palasathena.org.br/downloads/praticasrestaurativasnasaladeaula.pdf. Acesso em: 27 abr. 2019.

IIRP – Instituto Internacional de Práticas Restaurativas. **Definindo o termo restaurativo.** Disponível em: http://www.iirp.edu/pdf/Defining-Restorative-Portuguese.pdf. Acesso em: 27 maio 2019.

PEDROSO, H. H.; MLYNARZ, M. C. B. Metodologia para o Contexto Educacional: Belinda Hopkins. *In:* GRECCO, A. *et al.* **Justiça Restaurativa em ação**: práticas e reflexões. São Paulo: Dash, 2014.

PRANIS, K. **Processos Circulares de construção de paz**. São Paulo, Palas Athena: 2010.

ROMERO, P. E. B. Linhas introdutórias: o direito à participação como posicionamento institucional. *In:* FIORAVANTE, P. (org.). **Direito à Aprendizagem e Gestão Democrática**: caminhos possíveis. São Paulo: FTD, 2012. P. 15-17.

WATSON, C. B.; PRANIS, K. **No Coração da Esperança**: guia de práticas circulares. Justiça para o século 21: Porto Alegre, 2011.

Capítulo 6

IMPLANTAÇÃO DO MODELO RESTAURATIVO EM UMA ESCOLA SOCIAL NA PERIFERIA DE SÃO PAULO DURANTE A PANDEMIA DA COVID-19

Roberto Lucas Junior

INTRODUÇÃO

A compreensão do que caracteriza uma escola com modelo ou enfoque restaurativo parte de alguns aportes teóricos presentes nos textos das autoras Belinda Hopkins, Kay Pranis, Karolina Watson, do autor Marshall B. Rosenberg, além de subsídios do Grupo educacional no qual o modelo foi implantado, que normatiza e orienta práticas para toda a educação básica das escolas escolas sociais do grupo, dentre elas a prática restaurativa. Essa construção passa por outros documentos de orientação sobre a educação no âmbito nacional como a BNCC e os Objetivos do Desenvolvimento Sustentável (ODS), em especial, o ODS 16, que fala sobre a cultura da paz.

Para Hopkins (2011, p. 6), uma classe restaurativa é um lugar onde os relacionamentos têm importância. "Quanto melhor forem os relacionamentos na classe, entre professor e alunos e entre os próprios alunos, mais fácil será para o professor ensinar, para os alunos aprenderem e existirão menos desafios e conflitos".

De acordo com a mesma autora, a aplicação de estilos de aprendizagem mais participativos em que tanto na escola, quanto na sala de aula sejam trabalhadas habilidades socioemocionais e onde os alunos tenham voz e participação, diminui-se significativamente a incidência de conflitos. Na contramão desta afirmação, Hopkins (2011, p. 5), afirma:

> [...] se uma escola adota a abordagem restaurativa como um apêndice ocasional ou último recurso, quando as respostas autoritárias ou punitivas não funcionam mais, então poucas mudanças serão notadas, tanto no comportamento individual quanto em toda a comunidade escolar.

A efetividade deste modelo está, justamente, na adoção sistemática das ações, isto é, adotá-las para toda a escola. É preciso uma ética e cultura não punitiva de um uso constante de pensamentos e habilidades restaurativas, passando, portanto, pelas salas de aula, pelo corpo docente, pelos funcionários de outras áreas e claro, pelos estudantes. A constância nesta metodologia permite à unidade escolar garantir uma educação de qualidade e que oportunize a todos e todas um desempenho escolar mais satisfatório, segundo afirma Veiga (2003, p. 17):

> A escola de qualidade tem obrigação de evitar, de todas as maneiras possíveis, a repetência e evasão. Tem que garantir a meta qualitativa do desempenho satisfatório de todos. Qualidade para todos, portanto, vai além da meta quantitativa de acesso global, no sentido de que as crianças, em idade escolar, entrem na escola. É preciso garantir a permanência dos que nela ingressam.

DESENVOLVIMENTO

O presente trabalho teve como pretensão aplicar ferramentas metodológicas que possibilitassem a implantação do modelo restaurativo em uma escola social na periferia da Zona Leste de São Paulo. Os **objetivos** desta implantação foram:

- compreender o que caracteriza uma escola com modelo restaurativo;
- identificar e aplicar metodologias que garantissem a implantação e a manutenção do modelo restaurativo no ambiente escolar;
- sistematizar os impactos gerados no ambiente escolar e na convivência dos estudantes.

Para melhor compreender os conceitos de uma escola com modelo restaurativo adotou-se como **metodologia** a pesquisa bibliográfica, buscando autoras e autores que dessem suporte ao tema. Em paralelo ao processo de pesquisa e estudo, foram promovidas formações com o quadro de docentes e demais colaboradores da Escola Social durante todo o ano de 2020, com ênfase nos meses de janeiro e julho em decorrência de uma semana inteira dedicada à formação de equipe. Nesse ano foram elaborados, de forma coletiva, planos de ação para a implementação das metodologias que garantiram a manutenção do enfoque restaurativo no ambiente escolar durante o ano letivo. Dentre elas destacam-se a inserção dos momentos de cheganças (*check-ins*) e despedidas (*check-outs*) nas aulas e espaços de escuta dos estudantes de forma periódica.

Durante a implantação e o desenvolvimento das metodologias restaurativas houve sistematização dos materiais e verificação dos impactos no ambiente e na convivência dos estudantes a curto, médio e longo prazo. O registro das metodologias se deu via instrumental de planejamento dos docentes, e o registro dos impactos foi realizado mediante análise das escutas realizada com os estudantes e suas famílias em momentos de aulas, reuniões com famílias ou espaços especificamente dedicados para esta escuta. Os registros foram realizados durante e após estes momentos, numa espécie de diário de campo.

Os **sujeitos da pesquisa** foram crianças e adolescentes regularmente matriculados nas séries do Ensino Fundamental anos finais, da escola social, situada na periferia da Zona Leste de São Paulo. Foram utilizadas estratégias e ferramentas participativas a fim de garantir uma maior e melhor participação do corpo discente e docente em espaços representativos, consultivos e deliberativos dentro da escola, a saber: eleição de representação discente e docente por turma/série, conselhos de classe, assembleias escolares, círculos restaurativos de diálogo, reuniões com membros da gestão da escola, reuniões pedagógicas, atendimentos com estudantes e famílias, mediações de conflitos, entre outros.

Para **mensurar** os impactos das metodologias restaurativas dentro da escola foram utilizadas análises do discurso dos registros realizados ao longo do tempo nos espaços escolares e pesquisas institucionais já estruturadas e aplicadas às famílias pela mantenedora. Durante o período de pré-implantação da escola, com o intuito de identificar na visão dos colaboradores o que caracterizaria uma escola restaurativa, foi realizado um *world café*, com perguntas semiestruturadas sobre o tema. Outro movimento similar foi realizado com a implantação da educação básica já iniciada envolvendo todos os estudantes. Houve escuta com as famílias, realizadas da mesma forma, nas reuniões por turma. Ambas as escutas cuidaram de apresentar um cenário da percepção dos estudantes, famílias e professores sobre o ambiente escolar. Os dados obtidos por meio dos questionários institucionais foram tabulados, possibilitando identificar dados quantitativos e qualitativos.

O que é necessário para a implantação do modelo restaurativo no ambiente escolar?

As possibilidades de resposta já foram encontradas por outros estudos e autores, contudo, um desafio posto em 2020 foi a pandemia. Portanto, a pergunta foi refeita para além do que é necessário para a implantação: *"como implantar um modelo de escola restaurativa numa escola em plena pandemia?"*.

Este estudo identificou a três eixos fundantes para a implantação e manutenção de uma escola restaurativa:

1. Escola como lugar de relações: como afirma Hopkins (2011, p. 6), a escola deve ser um lugar onde os relacionamentos têm importância, quanto melhores forem os relacionamentos na classe, mais fácil será para o professor ensinar, para os alunos aprenderem e existirão menos desafios e conflitos. Portanto, a escola precisa ser:

1. uma escola que acolhe sem julgamento;

2. que ouve as perspectivas de todos/as;

3. que abre espaço para seus sentimentos;

4. que ouve suas necessidades;

5. que corresponsabiliza seus envolvidos.

2. Escola como lugar de participação: a escola precisa oportunizar espaços para que toda sua comunidade educativa — estudantes, colaboradores e famílias — seja ouvida. É importante que num espaço educativo sejam feitas as seguintes perguntas:

1. Quais os espaços que temos para ouvir as demandas dos educandos?

2. Quais os espaços que temos para ouvir as demandas dos colaboradores?

3. Quais os espaços que temos para ouvir as demandas das famílias e comunidade?

3. Prática sistemática: a prática sistemática, ou seja, pensada e executada de forma contínua, é mais eficaz do que a aplicação da metodologia somente em momentos ocasionais, isto é, quando surge alguma demanda específica, conflito, mediação ou algo do gênero. É importante pensar sobre:

1. a inserção da metodologia circular na proposta educativa;

2. o início das reuniões (colaboradores, famílias, educandos), sempre com *check-in* e *check-out*;

3. a formação continuada dos envolvidos;

4. a utilização de círculos de diálogo para conversar e celebrar, evitando, portanto, sua utilização somente para a resolução de conflitos.

A pergunta que se segue é: como cuidar destes três eixos em pleno ensino remoto durante a pandemia? As respostas são variadas, contudo, este estudo experimentou ser possível garantir a implantação do modelo restaurativo no ensino remoto. Para isso, além do processo de formação continuada dos colaboradores, garantiram-se as chegancas (*check-ins*) nas aulas on-line, nas reuniões pedagógicas e de reuniões de equipe. Criou-se um espaço de diálogo e partilha para os estudantes. O espaçotempo destes encontros foi chamado de encontros de COM-TATO, termo que faz parte de um dos 7 passos da Pedagogia da Cooperação, uma metodologia colaborativa proposta por Fábio Brotto, precursor dos Jogos Cooperativos no Brasil. Estes encontros aconteciam semanalmente e contemplavam todas as turmas da escola. Para os colaboradores, foram realizados alguns círculos de diálogo, pautados na metodologia circular e em roteiros propostos pelas autoras Kay Pranis e Karolina Watson (2010); criou-se um espaço (virtual) de interação entre eles, denominado "Cafezinho do Lourenço", em que simulavam (virtualmente) aquele momento do café realizado no presencial; e a realização de chegancas (*check-ins*) conduzidas semanalmente pelos professores em forma de rodízio: cada semana um docente ficava responsável por realizar a conexão de chegada da equipe. Com as famílias, foi aplicado um questionário institucional para avaliar como a escola estava lidando com as demandas escolares durante a pandemia, e nas reuniões por turma havia um espaço dedicado à escuta das famílias sobre todo o processo do ensino remoto em 2020, momento em que eram recebidas críticas, sugestões e felicitações das famílias.

Considerando todas as ações de implantação do modelo restaurativo na escola social em 2020, obteve-se o seguinte cenário, considerando toda a comunidade educativa:

- **Com os estudantes:**

- 1 Assembleia Geral com todas as turmas – 7 turmas (pré-pandemia);

- 6.440 chegancas e/ou despedidas (*check-ins* e/ou *check-outs*);

- 27 atividades de COM-TATO.

- **Com os colaboradores:**

- 2 círculos de diálogo;

- 8 grupos de estudo (modelo seminário), com os textos do material do Círculos em Movimento;

- 40 cheganças (*check-ins*) conduzidas pelos professores;

- 40 "Cafezinhos do Lourenço", espaços virtuais de interação entre os colaboradores.

- **Com as famílias:**

- 1 reunião do Comitê de Famílias por turma (pré-pandemia);

- 11 reuniões com as famílias:

- 2 com cada turma, totalizando 8 reuniões (*online*),

- 3 com as famílias de um grupo de estudantes de retorno emergencial (presencial).

Considerações Finais

Após esse percurso, é importante retomar alguns pontos fundamentais para a implantação de um modelo restaurativo dentro de um ambiente escolar:

1. Quem faz acontecer a escola restaurativa são todos da comunidade educativa — estudantes, colaboradores e famílias/comunidade;

2. O processo formativo de todos os envolvidos é muito importante. É fundamental que seja um processo de formação continuada;

3. As práticas restaurativas são um "jeito de conceber as relações", é um modo de conduzir as relações interpessoais e, portanto, de conduzir as relações da vida. Isto posto, quando não se acredita no diálogo como forma de vida, é mais difícil de implantá-las;

4. É importante que as práticas restaurativas sejam sistemáticas e não só ocasionais, só assim as chances de que elas sejam eficazes e tenham sentido aumentarão;

5. Um espaço com enfoque nas práticas restaurativas precisa garantir espaços de escuta e participação;

6. As práticas restaurativas pressupõem relações, portanto, a escola precisa ser, acima de tudo, um lugar de relações saudáveis.

A partir destas reflexões abrem-se novas possibilidades de aprofundamento e aplicação das práticas restaurativas em ambientes escolares e não escolares. Que tal irmos além, topa?!

Referências

BROTTO, F. O. e Comum-Unidades de Coautorias: Carla Albuquerque e Daniella Dolme. **Pedagogia da Cooperação**: por um mundo onde todas as pessoas possam VenSer. Rio de Janeiro: Bambual Editora, 2020.

CONSELHO NACIONAL DE JUSTIÇA. **Resolução 225/2016**. Disponível em: http://www.cnj.jus.br/images/atos_normativos/resolucao/resolucao_225_31052016_02062016161414.pdf. Acesso em: 27 maio 2019.

DIRETORIA EXECUTIVA DA AÇÃO SOCIAL (DEAS). **Tessituras**: a escola que queremos. Disponível em: https://maristamais.grupomarista.org.br/wp-content/uploads/2018/10/Documento-Tessituras-final.pdf. Acesso em: 27 maio 2019.

GIARETA, P. F. Gestão democrática: concepções, políticas e desafios. *In:* FIORAVANTE, P. (org.). **Direito à aprendizagem e gestão democrática**: caminhos possíveis. São Paulo: FTD, 2012. p. 19-41.

HOPKINS, B. **Práticas restaurativas na sala de aula**. 2011. Disponível em: http://www.palasathena.org.br/downloads/praticasrestaurativasnasaladeaula.pdf. Acesso em: 20 out. 2019.

INSTITUTO INTERNACIONAL DE PRÁTICAS RESTAURATIVAS (IIPR). **Definindo o termo restaurativo.** Disponível em: http://www.iirp.edu/pdf/Defining-Restorative-Portuguese.pdf. Acesso em: 20 out. 2019.

PRANIS, K. **Processos circulares de construção de paz**. São Paulo: Palas Athena, 2010.

ROSENBERG, M. B. **Comunicação não-violenta**: técnicas para aprimorar relacionamentos pessoais e profissionais. Tradução Mário Vilela. São Paulo: Ágora, 2006.

WATSON, C. B.; PRANIS, K. **No coração da esperança**: guia de práticas circulares. Porto Alegre: Justiça para o século 21, 2011.

Capítulo 7

PRÁTICAS RESTAURATIVAS E EXPERIÊNCIAS: CONSTITUINDO UMA ESCOLA RESTAURATIVA

Márcia Regina Nogueira Soares

INTRODUÇÃO

A proposta de desenvolvimento do presente projeto em uma Escola Social Marista teve como ponto-chave o fato de esta escola estar inserida em uma região de alta vulnerabilidade social, no interior do estado de São Paulo, com a presença marcante do tráfico, com a violência extremamente latente e outras questões sociais ocasionadas pela vulnerabilidade, bem como pela ausência de políticas públicas. Portanto, muitos dos estudantes e seus familiares entendem como forma de resolução dos conflitos o antigo ditado "olho por olho, dente por dente", sendo a punição o carro-chefe para as mais diversas situações em que o diálogo, a escuta, a empatia, a conexão e o respeito seriam a mola propulsora para um novo jeito de lidar com o outro.

Não obstante, muitos dos docentes e colaboradores ainda acreditam que a punição, a exclusão e a rigidez na postura são os pilares para uma escola "comportada e sem conflitos violentos", uma crença visceral da sociedade moderna.

Em função da ocorrência de inúmeros conflitos, inclusive com relatos de violência doméstica entre a comunidade, detectou-se a emergência de um projeto que possibilitasse a mudança da cultura punitiva para a restaurativa dentro da escola, esperando que, aos poucos, os reflexos possam se irradiar para a comunidade, invertendo o fluxo que hoje traz para a escola a violência da sociedade.

Para tanto, no decorrer do texto é apresentado o relato do trabalho que vem sendo realizado no ambiente escolar, com docentes, gestores, colaboradores, estudantes do Ensino Fundamental I, II e Ensino Médio e familiares, na escola filantrópica Marista Escola Social Irmão Rui, localizada na periferia da cidade de Ribeirão Preto, no estado de São Paulo.

Este projeto foi iniciado no primeiro trimestre de 2019 e com projeção de seu desenvolvimento nos próximos três anos.

JUSTIFICATIVA

A cultura da educação bancária advinda do período de industrialização e pautada na ideologia neoliberal coloca o educando na posição do não saber, de sujeito passivo, servindo o ensino de mero treinamento para a formação de massa de trabalhadores (FREIRE, 2002).

Além de uma educação bancária, a sociedade contemporânea herdou também a cultura de punição e da violência na resolução de conflitos pessoais, familiares, sociais e comunitários. O espaço escolar historicamente desempenhou funções de punição e "colocação de limites" que utilizavam técnicas e adereços de punição física, moral e psicológica.

A metodologia das Práticas Restaurativas visa a superação da pedagogia da punição presente na sociedade contemporânea, para uma prática de mediação de conflitos de forma coletiva, consensual, solidária e que dê voz a todos os envolvidos.

A verticalidade da relação de poder deve ser quebrada para dar espaço a uma relação horizontal em que todos sejam incluídos e respeitados por suas diferenças sociais, culturais, sexuais, religiosas, jeito de ser, dentre outros aspectos, para que a educação seja um direito humano garantido.

As práticas restaurativas no cerne do contexto escolar promovem o diálogo e a reflexão. Permitem que todos tenham a possibilidade da fala e da escuta, que os diferentes modos de ver e sentir uma situação sejam trazidos à tona, de forma respeitosa, e as decisões, deliberadas de forma coletiva. Elimina-se a verticalidade das relações.

Para que a escola seja um local que respeita as diferenças, é imprescindível a formação contínua por parte dos gestores, docentes e demais colaboradores em práticas restaurativas, para um olhar diferenciado, que quebre as barreiras de todas as questões excludentes e de anulação do outro imbricadas na história da sociedade.

Neste sentido, investir na propagação da concepção de cultura da paz dentro da escola é fundamental para romper com práticas baseadas na violência e na educação bancária, promovendo o educando como sujeito ativo, crítico e atuante em seu papel social, além de capaz de resolver os conflitos e problemas com alternativas saudáveis de manejo.

As práticas restaurativas permitirão um espaço cada vez mais democrático na escola, por meio de experiências saudáveis e propícias a um ambiente de paz e, consequentemente, promovendo a formação humana integral.

OBJETIVO GERAL

Implantar práticas restaurativas no ambiente escolar com foco no manejo não violento de conflitos, possibilitando a constituição de uma escola restaurativa.

OBJETIVOS ESPECÍFICOS

- Oferecer a docentes, equipe gestora e equipe de apoio, formações em práticas restaurativas.
- Desenvolver trabalho com círculos de paz, tanto com docentes quanto com equipe de apoio e estudantes.
- Formar facilitadores para mediação de conflitos e desenvolvimento de círculos de paz.
- Trabalhar com as metodologias restaurativas com as famílias a partir de temas de interesse, seja das famílias seja da unidade escolar.
- Fortalecer o protagonismo juvenil.
- Possibilitar que as formações, reuniões e conselhos de classe sejam participativos, dialógicos e reflexivos.
- Elaborar um planejamento escolar que dialogue com a realidade dos estudantes.
- Aumentar o índice do desempenho de aprendizagem dos estudantes.

ATIVIDADES DESENVOLVIDAS

- Círculos de paz com estudantes da educação básica;
- Formação em práticas restaurativas com docentes e colaboradores;
- Formação com as famílias, utilizando a metodologia dos círculos;

- Projeto Ubuntu, desenvolvido com os estudantes do ensino médio, com as mais variadas questões de identidade, desigualdade social e questões étnico-raciais;

- Projeto Câmara dos Vereadores – o qual tem projeto para a participação juvenil, sendo que quatro de suas cadeiras são de estudantes do Ensino Médio da escola. Neste projeto, os jovens discutem questões e apresentam projetos para que possam ser implementados no município;

- Reuniões pedagógicas que favoreçam e fortaleçam a participação ativa dos docentes, refletindo a prática, dando sugestões e propondo encaminhamentos;

- Conselhos de classe planejados de forma conjunta com os docentes e equipe de gestão;

- Planejamentos anuais, trimestrais e mensais, elaborados de forma coletiva e dialógica.

MONITORAMENTO E AVALIAÇÃO

- Relatórios dos encontros de formação.

- Caderno de ata e portfólios dos círculos.

- Registro fotográfico, filmagens e depoimentos.

- Quantificação das mediações e conflitos violentos do período anterior e posterior à implantação do trabalho com as práticas restaurativas para análise dos resultados do projeto.

- Nota qualificada anual dos estudantes para análise do índice de aprendizagem, a partir da implantação das práticas restaurativas, para verificar se houve crescimentos.

VIVÊNCIA DE UM CÍRCULO

Neste item será apresentado um breve relato de um círculo realizado com uma turma do segundo ano do ensino médio, período da manhã, da escola em questão.

Esta turma estava enfrentando desafios entre o grupo da frente e o grupo dos fundos da sala de aula. Foi, então, realizado um círculo com esses estudantes, no mês de maio de 2019. Vale ressaltar que no decorrer de 2018 já tinham sido realizados círculos com esta turma, anteriormente à sistematização do projeto de Escola Restaurativa.

Foram desenvolvidas todas as etapas de um círculo restaurativo: *check-in*; perguntas norteadoras e *check-out*. Porém, o relato será específico sobre a apresentação das perguntas norteadoras e depoimentos. Segue registro do círculo, por dois estudantes que se candidataram a fazer a memória do momento:

Perguntas norteadoras:

Figura 1 – Pergunta 1: Por que você está aqui? O que acontece neste espaço que te agrada? Por quê?

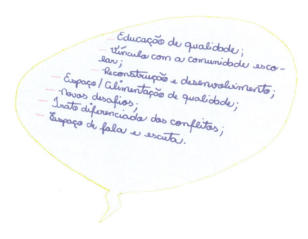

Fonte: a autora (2024)

Figura 2 – Pergunta 2: O que acontece neste espaço que não te agrada? Por quê?

Fonte: a autora (2024)

Figura 3 – Pergunta 3: Quem são os afetados com as coisas que não estão bem em nossa sala? Por quê?

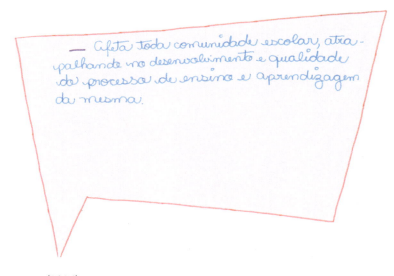

Fonte: a autora (2024)

Figura 4 – Pergunta 4: O que cada um de vocês pode fazer para que as coisas fiquem bem?

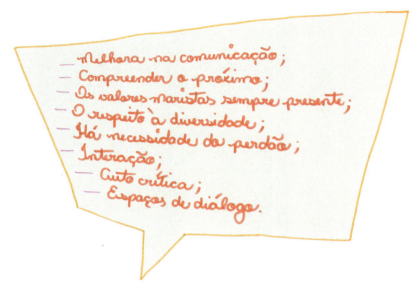

Fonte: a autora (2024)

Encaminhamento:

Os educandos decidiram que os círculos acontecerão toda primeira semana de cada mês, e em cada círculo um grupo de educandos juntamente com o docente de referência ficarão responsáveis pelo planejamento.

Eles sugeriram que em cada círculo sejam trabalhadas dinâmicas de integração e conexão da turma.

Os pontos de maiores conflitos sempre serão revistos nos próximos círculos, de forma reflexiva e dialógica.

Depoimentos:

1. "Na última assembleia, conseguimos conversar sobre o que estava nos incomodando e observando o que poderia mudar sobre os nossos comportamentos, sendo assim, se colocando no lugar do próximo. É um momento muito importante para todos, eu espero

que possamos evoluir cada vez mais, e nos tornarmos pessoas melhores" (estudante A, 16 anos).

2. "Após esta assembleia pude perceber o quão é difícil, mas ao mesmo tempo importante olhar para o outro e não apontar os defeitos do mesmo, mas sim, os meus e como eu posso mudar, como eu consigo fazer diferente e com isso, melhorar para mim e para aqueles que estão em minha volta" (estudante B, 16 anos).

3. "Acompanhar as práticas restaurativas no 2° ano tem sido uma experiência muito enriquecedora. Tenho forte vínculo com esta sala e por isso acompanho as mediações ocorridas com a mesma, desde que ingressaram na escola. Trabalhar com a metodologia dos círculos não é uma tarefa fácil, pois apesar de representarem um importante espaço democrático de fala e escuta, dependem de um grau de desenvolvimento da autonomia que geralmente não se encontra presente na vida dos educandos devido à falta de exercício da mesma durante suas trajetórias escolares, autonomia essa que é fundamental para que esse processo seja verdadeiro e significativo. Desde o primeiro ano do ensino médio, período que ingressaram na instituição, essa turma trouxe grandes desafios ligados à indisciplina, falta de comprometimento e muita dificuldade de relacionamento entre os pares. Frente a esse cenário, a utilização de círculos apareceu como um importante instrumento para que pudéssemos problematizar e buscar soluções para os desafios enfrentados pela turma. Num primeiro momento a prática se mostrou muito desafiadora, pois a maioria dos educandos apresentava grandes dificuldades no exercício da escuta e no respeito ao momento de fala do outro. A autocrítica não se fazia presente e as falas se limitavam a ataques e acusações em relação à postura do outro, gerando muitas vezes mais problemas do que soluções. Com o passar do tempo as assembleias foram ganhando outra dimensão, onde os educandos começaram a se mostrar mais propositivos em relação às pautas e abertos à condução do processo. Semana passada, após mais ou menos um ano de prática, fizemos o primeiro círculo com essa turma durante esse ano e confesso que fiquei muito feliz com o resultado. De uma maneira geral o grupo todo estava bem aberto à escuta e muito disposto a falar; diversas pautas importantes foram surgindo e para algumas delas já conseguiram inclusive encontrar soluções. Foi perceptível

a presença da autocrítica nas falas e o diálogo sempre no sentido de superação dos conflitos. Todo o processo se deu com muito respeito e alguns educandos até se emocionaram com os vínculos que conseguiram estreitar ao longo da vivência. Ficou definido junto à turma que os círculos acontecerão de maneira mensal e que eles ficarão responsáveis por toda a condução do processo ao passo que tem demonstrado autonomia suficiente para estarem à frente desses momentos no qual nós, educadores, pretendemos ocupar um papel cada vez mais secundário. Estou muito feliz com os resultados e espero que continuemos a colher bons frutos desses momentos que têm se mostrado tão significativos" (docente da turma).

Considerações Finais

Colocar em prática um projeto para a constituição de uma escola restaurativa demanda persistência, estudo, pesquisa, reflexão, diálogo e, sobretudo, formação de toda a equipe da escola. É um trabalho que se desenvolve de forma coletiva e participativa.

Cada passo dado rumo a uma escola restaurativa é um momento a comemorar. Basta analisar o que se vê ao acessar as redes sociais e os mais diversos canais de comunicação: são mensagens que reforçam e promovem a exclusão, a punição e a eliminação do outro, do diferente. Faltam empatia, respeito, conexão e compaixão.

Trilhar uma proposta na contramão de uma sociedade punitiva é um caminho lento, por vezes árduo pelas críticas de que as práticas restaurativas não dão frutos. Portanto, vale aqui realçar de forma muito positiva que a proposta de uma escola restaurativa eleva as pessoas a um outro patamar enquanto seres humanos: o da compaixão, da justiça e do olhar para o outro como ser humano, único e com necessidades.

O projeto nesta escola não se encerra no que foi apresentado, mas a cada ano merece ser palco de um olhar por todos os envolvidos na escola, de forma que ele faça cada vez mais sentido para a comunidade escolar e toque, profundamente, na mente e coração de cada um que passe pela escola. Portanto, ele não cessa aqui, mas ganhará robustez a cada trabalho, a cada formação, a cada encontro, a cada partilha e a cada colaboração.

Referências

GONZALEZ, M.; RIZZI, E.; XIMENES, S. **Ação Educativa e Plataforma Dhesca Brasil**. Coleção Cartilhas de Direitos Humanos. Direito Humano à Educação, 2009.

ARAÚJO, J. G. de. **Ensinar a Paz:** ensaio sobre educação emocional e social. 1.ed. Ribeirão Preto: Editora Inteligência Relacional, 2013.

CHARLOT, B. **Da relação com o saber às práticas educativas**. São Paulo: Cortez, 2013. cap. 1, p. 35-59. (Coleção docência em formação: saberes pedagógicos).

FREIRE, P. **Pedagogia da autonomia**. São Paulo: Paz e Terra, 2002.

GRECCO, A. *et al.* **Justiça restaurativa em ação**: práticas e reflexões. São Paulo: Dash, 2014, cap. 6, p. 147-157.

PRANIS, K. **Círculos de justiça restaurativa e de construção de paz**: guia do facilitador. Associação dos Juízes do Rio Grande do Sul: AJURIS, 2011.

PRANIS, K. **Processos circulares**. São Paulo: Palas Ethena, 2010.

ROSENBERG, M. B. **Comunicação não-violenta**. Técnicas para aprimorar relacionamentos pessoais e profissionais. São Paulo: Ágora, 2006.

Capítulo 8

PRÁTICAS RESTAURATIVAS NA EDUCAÇÃO: ESTRATÉGIAS E CAMINHOS EM REDE PARA EFETIVAÇÃO DE DIREITOS DE CRIANÇAS E ADOLESCENTES

Emerson Moreira Gonçalves

INTRODUÇÃO

Este artigo busca explorar a função da escola formal que promove relações e que protege seus estudantes contra violações de direitos humanos. Além disso, é neste espaço de educação que estratégias de mobilização de políticas públicas se fazem possíveis e capazes de tecer novos cenários protetivos.

Para a escola, essa construção de parcerias em ações intersetoriais torna-se fundamentais para dar respostas em situações que acontecem no cotidiano da sala de aula e espaços de socialização como jogos esportivos e atividades diversas. Neste lugar que demais demandas e situações se apresentam e todos os responsáveis desta instituição são convocados para dar respostas e acompanhar as complexidades presentes.

O provérbio africano já destaca a importância de toda uma aldeia para cuidar dos seus e de suas crianças, por isso que depois da família, a escola assume seu papel protetivo e junto com diferentes setores com abordagens articuladas serão feitos encaminhamentos ampliados. O sistema de garantia de diretos apoiado no Estatuto da Criança e do Adolescente, em seu art. 5º afirma que:

> Nenhuma criança ou adolescente será objeto de qualquer forma de negligência, discriminação, exploração, violência, crueldade e opressão, punido na forma da lei qualquer atentado, por ação ou omissão, aos seus direitos fundamentais.

Portanto, independente das experiências que crianças e adolescentes trazem do âmbito familiar, sejam elas positivas, ou negativas, a escola será a grande mediadora para acompanhar tais comportamentos, principalmente os que não são saudáveis, ou que trazem anormalidades para o processo de seu crescimento. É fundamental à promoção e prevenção de violências e de criação de estratégias para escutas humanizadas e espaços de socialização pautados em práticas e conteúdos a partir de competências destacadas pela própria Base Nacional Curricular Comum (BNCC).

Olhando para aspecto da escola como parte da rede de política pública e dos equipamentos protetivos, conforme afirma Sanicola (2008), essas redes são espaços que conseguem visualizar as próprias necessidades e compartilhá-las por meio de um projeto para responder às necessidades e dar caminhos resolutivos. Estes encontros de agentes sociais, serviços e profissionais interdisciplinares têm como foco compreender os pontos de conflitos, violações e por meio das partilhas coletivas, traçar caminhos para possíveis resoluções.

Outro aspecto fundamental, objetiva-se refletir de que maneira a escola pesquisada localizada em São Miguel Paulista, zona leste de São Paulo pode contribuir como parte da rede local em encontros planejados do território de alta vulnerabilidade citado, bem como elencar os aspectos pedagógicos e psicossociais que perpassam a vida dos estudantes e que são marcadores para repensar culturas, fluxos de atendimento, promoção, defesa e controle das demais políticas públicas.

Em suma, como campo interno escolar, repensar a operacionalização dos conflitos e como se dá o cuidado integral dos estudantes e toda comunidade educativa. Já no campo externo à escola, o propósito é identificar como tem sido o papel da rede de serviços, atores da sociedade civil e poder público na efetivação dos casos que são encaminhados.

No aspecto metodológico espera-se que as práticas restaurativas se tornem uma possibilidade para entrelaçar as ideias e coletivamente responder pela proteção integral de crianças, adolescentes e suas famílias. A possibilidade de apoiar e de criar caminhos pedagógicos mediados pela concepção e prevenção de conflitos, poderá reverter a lógica punitivista e trazer para o centro a escuta e diálogo como prática humanizadora nos desafios em rede.

Em caminhos conclusivos, pretende-se elucidar a junção dessas práticas exemplificando como a rede local de Vila Progresso (Zona Leste de São Paulo), construiu em 2020 a partir de suas dinâmicas e diferenças as potencialidades e fragilidades para caminhos de proteção social da comunidade educativa observada.

DESENVOLVIMENTO

O caminhar deste trabalho foi iniciado pela metodologia de práticas restaurativas por intermédio do papel da escola e no que ela responde à formação cidadã e consciente pelo bem-estar, promoção da democracia, dos direitos humanos e a prevenção de violências na busca de uma cultura de paz.

> As Práticas Restaurativas são consideradas uma ciência social que estuda como construir o capital social e atingir disciplina social através da aprendizagem participativa e tomada de decisão. (WACHTEL, 2012 *apud* GRECCO, 2014, p. 56).

Além desta ciência social, a união de aspectos de pesquisa, teóricos e práticos se entrelaçaram em competências gerais da Base Nacional Comum Curricular (BNCC) de 2017 como: "4 - Repertório Cultural; 8 - Autoconhecimento e Autocuidado; 9 - Empatia e Cooperação; 10 - Responsabilidade e Cidadania". Em consonância com os Objetivos de Desenvolvimento Sustentável (ODS) propostos pela ONU -ODS 16ª, que convida à promoção de sociedades pacíficas, inclusivas e sustentáveis, proporcionando o acesso à justiça para todos e a construção de instituições eficazes responsáveis em todos os níveis, com foco na promoção da "Cultura da Paz".

Percebe-se que todas as ações intermediadas pela educação e papel transformativo social se articulam com a missão da escola pesquisada cuja iniciou seu desenvolvimento no ano de 2020 destas práticas por meio de capacitações e formações de docentes, reuniões restaurativas, inserção de momentos nas salas de aulas (*check- ins e check-outs*) escutas e mediações de conflitos com estudantes com uso de círculos, todos baseados em autoras e autores como *Kay Pranis, Belinda Hopkins, Marshall B. Rosenberg* entre outros.

Compassadamente, os encontros de redes socioassistenciais que envolviam essa escola também foram aplicados a metodologia referida envolvendo todos os agentes sociais das demais políticas públicas. A equipe psicossocial, nas ocasiões, analisou estratégias restaurativas internas (dentro da escola) e externas (contexto do território e funcionamento da rede protetiva) como forma de elencar demandas que chegavam nos atendimentos da escola.

Nos cinco encontros de rede local deste território no ano de 2020, nos meses de agosto até dezembro, notaram-se demandas diversas. Entre elas, as violências, fluxos de atendimentos estabelecidos no ano envolvendo os serviços de saúde, assistência social e educação, acolhida dos casos de violação e situações de risco. Como forma de uma abordagem qualitativa foi necessário por parte da equipe psicossocial da escola, monitorar as maiores necessidades verbalizadas nos encontros e teve como orientação metodológica a pesquisa-ação.

Neste aspecto da pesquisa-ação, além da observação, visa intervir no processo com intuito de modificá-lo, pois, ao mesmo tempo em que analisa a situação, ele propõe mudanças às pessoas envolvidas, que podem aprimorar as práticas do grupo (SEVERINO, 2013).

Este processo foi realizado em cinco etapas principais: reunião diagnóstica com a rede de atendimento social; reunião de apresentação da metodologia usando como base o material "No coração da esperança - guia de práticas circulares", do Centro de Justiça Restaurativa da *Suffolk University* (2011), das autoras *Carolyn Boyes-Watson e Kay Pranis*, no módulo 7, que contribui com a apresentação do círculo para outras pessoas; encontro avaliativo; encontro de discussão de caso, com base na metodologia; e devolutivo e atividade final, com foco em uma educação humanizada baseada em Direitos Humanos, contando com confraternização dos participantes.

A necessidade de espaço em rede é permanente visto as demandas de alta vulnerabilidade que a população vivencia. Vulnerabilidades é um tema que está em alta frente ao desmonte de políticas públicas e fragilidades territoriais em tempos atuais. Segundo o artigo desigualdades socioespaciais e áreas de vulnerabilidades nas cidades (2014), vulnerabilidade é definida como um risco social, e caracteriza-se pela concentração da precariedade (ou falta) de serviços coletivos e de investimentos públicos em infraestruturas (os ativos e as estruturas de oportunidades), que desse modo provocam a desproteção social das comunidades mais carentes.

No que tange ao termo, é caracterizado por um montante de situações da questão social frente à pobreza, e o Estado, por meio de suas políticas públicas, tem responsabilidades para promoção significativa de estrutura, oportunidades e políticas sociais, como saúde, assistência social, habitação, educação e outras, incluindo as políticas econômicas.

Não se pode deixar de notar que em uma análise capitalista esses territórios são produtos reais da produção de desigualdades sociais e exclusão da população que habita nas periferias, e que afasta as ações do poder público local, acarretando uma expressão importante do avanço das violações.

Desigualdades sociais e territoriais são faces da mesma moeda e se mesclam no espaço, se sintetizam e se expressam como desigualdades socioespaciais, retroalimentando-se.

O cenário é desigual; conforme análise, à medida que as condições de infraestrutura e de vida são melhoradas nesses lugares, a valorização expulsa os mais pobres para locais ainda com piores condições. É a lógica da produção injusta do espaço (FERREIRA; VASCONCELLLOS; PENNA, 2008, p. 9).

Além dessa junção de expressões da questão social nos territórios, os riscos de moradia ilegal, não acesso ao trabalho formal e não acesso à segurança pública e a instituições de controle tornam o território violento e sem acompanhamento público. Para Ferreira, Vasconcelos e Penna (2008, p. 4), as periferias tornam-se "locais desvalorizados, marcados pela ausência do Estado e das instituições públicas, abandonados pela lei e onde o contrato social é rompido, abrigo da população excluída socialmente e espacialmente periferizada".

Em síntese, um território sem proteção adequada trará prejuízos aos que lá habitam, inclusive no tocante à ascensão e inclusão social. A intensificação das violências e violações também são apresentadas e não controladas.

Nestes contextos os equipamentos sociais existentes necessitam de estratégias sofisticadas e não fragmentadas, pensando na união das políticas sociais territoriais. Para Dalka Ferrari, (2014) ações articuladas tanto nas instituições quanto nas políticas são necessárias para concretizar as políticas existentes. Segundo a autora, tal integração tem caráter terapêutico. Além disso, quando se pensa em violação (por exemplo, uma situação de abuso sexual), promover a "integração interministerial e intersecretarial das diferentes esferas do governo" permite maior agilidade nos procedimentos de averiguação e procedimentos judiciais, possibilitando estabelecer ações coordenadas em diferentes áreas: saúde, social, educação, judiciário, bem como nas áreas de esporte e cultura, turismo, transporte e segurança.

O trabalho em rede inclui aqui a educação pensada não somente como catalisadora de violações, mas também como animadora do processo de cuidado e proteção integral dos indivíduos. O território com baixo acesso a informações, conhecimento e tecnologia afeta diretamente o desenvolvimento dos que vivem nestes espaços; de outro lado, fazer o enfrentamento das questões sociais acaba sendo de um repertório desprotegido e optando por um não bem estar coletivo.

Toda essa problemática faz com que a escola seja fundamental nos territórios de alta vulnerabilidade, possibilitando a ampliação das chamadas informações e acesso. Para Rands (2013, s/p), os "atrasos educacionais explicam 100% das desigualdades de renda entre diferentes regiões do Brasil", pois "famílias em que os pais têm maior capital humano tendem a ter mais recursos para investir na educação dos filhos".

O direito à educação está no rol dos direitos humanos fundamentais, amparados por normas nacionais e internacionais, e se expressa pelo ensino e aprendizagem que busquem desenvolver e potencializar a capacidade humana, conforme se registra na Declaração Universal dos Direitos Humanos (ONU, 1948).

Nesta dialética de construção de direitos e de entendimento do mundo nos processos de reprodução do que aprendemos em nossas histórias de vida, seja pela experiência pessoal ou não, temos consciência de que intelectualmente a escola contribui para um projeto de vida e apoia para enfrentar as adversidades cotidianas incluindo cobranças ao poder público e gerando perspectivas geracionais com resiliência.

A comunidade pesquisada (Vila Progresso, Zona Leste de São Paulo) tem construído, a partir de suas dinâmicas, caminhos possíveis para estabelecimento de cuidado integral de crianças e adolescentes, seja na política de educação, seja de saúde e assistência social conforme análise dos encontros de rede socioassistencial no ano de 2020.

A escola como ambiente protetivo e de garantia de direitos torna-se lugar estratégico para pensar possibilidades de viabilizar ações e empoderar pessoas para o funcionamento de espaços comunitários de troca de informações e organização de ações no território, entre outras atividades.

Instrumentalizada pelas práticas restaurativas, a escola transforma-se em lugar cada vez menos punitivo e mais acolhedor e potencializador de crianças, jovens e adultos como atores presentes e participativos no desenvolvimento da comunidade (MPSP, 2018). E nesta perspectiva restaurativa de uma educação que não culpabiliza o indivíduo, emergem também inquietudes humanas, como as violações de normas e acordos da estrutura escolar, e conflitos, que precisam ser colocados em discussão, a partir de mediações, com a participação de todos os envolvidos, ofertando assim a continuação e propagação do direito social à educação.

Tornar a escola um espaço seguro e dar voz a todos que estão ali só é possível com uma construção transversal de saberes, como defendia Paulo Freire (GADOTTI, 2000), entendendo que cada trajetória de vida é complementar à trajetória do outro, e assim, possibilitar às partes dizerem sobre si, sobre seus anseios e sentimentos, proporcionando conexão e empatia.

É neste ponto que as práticas restaurativas emergem, como campo vasto metodológico para cuidar dos que estão nas escolas, sejam alunos, familiares, responsáveis, todo o corpo técnico e colaboradores da escola, inclusive externamente, as chamadas redes de apoio e redes de proteção socioassistenciais.

No campo metodológico, a origem das práticas restaurativas e suas raízes, vinculadas à justiça restaurativa na década de 1970, aos poucos vem emergindo em diversas partes do mundo, no Brasil com destaque desde 2005, e se tornando uma ferramenta para refletir sobre situações de conflitos e de violência. Internamente na escola, os desafios de mediar culturas, formas de agir e de aprendizado não estão separados do território em que os indivíduos estão inseridos. Diante das vulnerabilidades, alunos expressarão no cotidiano a reprodução de formas e vivências e, desde que adotado o caminho humanizado, segundo Rosenbeg (2006, p. 67), "expressar nossa vulnerabilidade pode ajudar a resolver conflitos".

Nesta oportunidade, introduzir na escola projetos e ações, com planejamento das áreas e diagnóstico local, com criação de comitês para articulação dos setores e pactuação de ações e atividades para garantir educação de qualidade apoiaram neste paradigma de mudanças internas.

Discutir justiça como valor fundamental na vida humana e relações entre os convívios faz parte, afinal ninguém se torna humano sozinho, as relações fazem parte do campo do olhar, da existência, e também do reconhecimento da alteridade. Já os conflitos são muito naturais, visto que há divergências de desejos e interesses entre as pessoas. Conforme apresenta o texto "Justiça como valor e Justiça como função – 2008", o conflito acontece pela busca, muitas vezes sob uma perspectiva bastante particular, de proteger interesses e bens, materiais e imateriais, em meio a relações por entre as quais transitam conjuntamente afetos, desejos, sonhos e valores.

No campo de prática escolar, um dos verbos fundamentais para o trabalho é escutar. No prefácio do livro "O palhaço e o psicanalista", Christian Dunker e Cláudio Thebas (2019) questionam como criar um ambiente onde crianças e adolescentes e professores possam ter sua voz circulando, possam escutar e ser escutados nos encontros uns com os outros e com o conhecimento.

Acrescentam que escutar vez ou outra parece ter a ver também com aquela sensação de que, ao nos depararmos insistentemente com alguma explicação, ou com a reflexão sobre uma boa pergunta, de repente temos um "estalo". Os autores comparam o treinamento na ação de escutar com quatro atitudes ou lugares que um bom "escutador" deve cultivar e habitar: hospitalidade, hospital, hospício e hospedeiro (DUNKER; THEBAS, 2019, p. 21).

Essa dicotomia do escutar obviamente extrapola os muros das escolas e se torna debate para a vida humana. Os autores citados falam do grande poder da escuta como transformadora das relações humanas e trazem à tona o "brincar". Segundo eles, é a atividade humana que mais nos conecta com a gente mesmo e com os outros (DUNKER; THEBAS, 2019, p. 37).

Trazendo para sua gênese, se brinco, logo escuto (DUNKER; THEBAS, 2019, p. 37). Nossas escolas precisam usar o brincar e sua ludicidade para estabelecer conexões e aprendizados restaurativos. A partir disto, demandas da vida surgirão, e de forma organizada e planejada atuar na garantia de direitos sociais e referenciando na rede de atendimento externa.

Considerações Finais

Neste movimento vamos caminhando circularmente, e todos e todas da escola são co-responsáveis por tornar ambientes onde circulam vozes, incluindo o outro lado, os profissionais das redes de outras políticas públicas que são responsáveis para que essas vozes circulem. Assim como o objeto de fala usado nos círculos restaurativos, que tem a função aqui nas nossas reflexões metodológicas de possibilitar a circulação da voz, serem escutados nos encontros e transmitindo trocas de conhecimentos diversos.

Reconhecer os territórios onde a escola está instituída é necessário para que a voz circule e a escuta aconteça. As práticas restaurativas na educação podem ser utilizadas como instrumentos de fomento para articulações e empoderamento de outras políticas públicas como Saúde, Assistência Social, Habitação, Cultura, Esporte, Justiça e tantas outras.

Extrapolar muros e construir pontes com as famílias e a comunidade, incluindo os atores sociais, em uma rede de proteção socioassistencial, facilitará o atendimento nestes caminhos das demandas existentes. Todas as estratégias internas e externas precisam ser levantadas pelas escolas e articuladas com as demais políticas públicas sociais.

Referências

BRASIL. **Estatuto da Criança e do Adolescente**. Lei nº 8.069, de 13 de julho de 1990. Disponível em: https://www.planalto.gov.br/ccivil_03/leis/L8069.htm. Acesso em: 2 jun. 2024.

BRASIL. **Plano Nacional de Educação em Direitos Humanos**. Comitê Nacional de Educação em Direitos Humanos, Brasília, 2007. p. 1-76.

BRASIL. **Ministério da Educação. Base Nacional Comum Curricular (BNCC)**. Brasília, 2018. Disponível em: http://basenacionalcomum.mec.gov.br/abase/. Acessado em 2 jun. 2024.

BECKER, D. *et al.* Empowerment e avaliação participativa em um programa de desenvolvimento local e promoção da saúde. **Ciência & Saúde Coletiva**, Rio de Janeiro, v. 9, n. 3, p. 655-67, jul./set. 2004.

CHAUÍ, M. **Convite à Filosofia**. São Paulo: Editora Ática, 2002.

ESCOLA SUPERIOR DOS JUÍZES E MAGISTRADOS DO RIO GRANDE DO SUL (AJURIS). **Guia de práticas circulares no coração da esperança**, Caxias do Sul, p. 23-35. Disponível em: http://docplayer.com.br/5655732-No-corac-o--da-esperanca-guia-de-pr-ticas-circulares.html. Acesso em: 13 out. 2020.

GADOTTI, M. **Saber aprender**: um olhar sobre Paulo Freire e as perspectivas atuais da educação. Universidade de Évora. Um olhar sobre Paulo Freire Congresso Internacional. Évora, 20 a 23 de setembro de 2000. Disponível em: http://www.acervo.paulofreire.org:8080/jspui/bitstream/7891/2999/1/FPF_PTPF_01_0366.pdf. Acesso em: 12 out. 2020.

HOPKINS, B. **Just Schools, a whole school approach to restorative justice.** London, 2004, Jessica Kingsley Publishers Hopkins, B. The peer mediation and mentoring trainer's manual. London: Optimus, 2007.

FERRARI, Dalka Chaves de Almeida. **Justiça Restaurativa em caso de abuso sexual intrafamiliar em crianças e adolescentes**. Rio de Janeiro: Instituto Noss, 2012.

MARX, Karl. **Sobre a questão judaica**. Tradução de Nélio Schneider e Wanda Nogueira Caldeira Brand. São Paulo: Boitempo, 2010.

NUNES, A. C. O. **Diálogos e práticas restaurativas nas escolas**: guia prático para educadores. MPSP, São Paulo, 2018. Disponível em: http://www.mpsp.mp.br/

portal/page/portal/Educacao/Di%C3%A1logos%20e%20pr%C3%A1ticas%20 restaurativas%20nas%20escolas%20_%20Guia%20pr%C3%A1tico%20para%20 educadores.pdf. Acesso em: 16 out. 2020.

ONU. **Declaração Universal dos Direitos Humanos**. 1948. Disponível em: https://declaracao1948.com.br/declaracao-universal/declaracao-direitos-humanos/?gclid=CjwKCAjwrKr8BRB_EiwA7eFapgLKmS6J6S-PkIp-5lZUtWUGe3qDEb7puBiI14sBHjqwXRBS87n1EMBoC0zkQAvD_BwE. Acesso em 17 out. 2020.

PRANIS, K. **Processos circulares**. Tradução de Tonia Van Acker. São Paulo: Palas Athena, 2010.

ROSENBERG, M. B. **Comunicação não-violenta**: técnicas para aprimorar relacionamentos pessoais e profissionais. São Paulo: Ágora, 2006.

SADER, E. Contexto histórico e educação em direitos humanos no Brasil: da ditadura à atualidade. *In:* SILVEIRA, R. M. G. *et al.* (org.). **Educação em direitos humanos**: fundamentos teórico-metodológicos. João Pessoa: Editora Universitária, 2007. p. 75-83.

SEADE, Fundação. **Índice paulista de vulnerabilidade social**. São Paulo, 2015.

SEVERINO, A. J. **Metodologia do trabalho científico**. 23. ed. São Paulo: Cortez, 2013.

VASCONCELLOS, E. M. **O poder que brota da dor e da opressão**: empowerment, sua história, teoria e estratégias. São Paulo: Paulus, 2003.

KAZTMAN, R.; FILGUEIRA, F. As normas como bem público e privado: reflexões nas fronteiras do enfoque "ativos, vulnerabilidade e estrutura de oportunidades" (Aveo). *In:* CUNHA, J. M. P. da (org.). **Novas metrópoles paulistas**: população, vulnerabilidade e segregação. Campinas: Nepo/Unicamp, 2006.

WATSON, C. B.; PRANIS, K. **No coração da esperança**: guia de práticas circulares. Justiça para o século 21: Porto Alegre, 2011.

Capítulo 9

A ESCRITA QUE MORA EM MIM: UMA ABORDAGEM RESTAURATIVA DA NARRATIVA DE MULHERES EM PRIVAÇÃO DE LIBERDADE

Jane Cleide Alves Hir

INTRODUÇÃO

Este artigo objetiva relatar experiência com o ensino da escrita como possibilidade restaurativa na Penitenciária Feminina do Paraná. Essa unidade penal é de segurança máxima e funciona em regime fechado. Trata-se de um projeto inserido na prática docente das turmas de Fase I (anos iniciais do Ensino Fundamental). O público participante deste projeto foi composto de mulheres com faixa etária de 23 a 69 anos, com predomínio da ocupação informal.

Iniciamos a abordagem com o questionamento de Ireland (2011, p. 11), "[...] qual seria uma educação socialmente relevante para jovens e adultos reclusos?". Que sentido tem a escrita para esses sujeitos em privação de liberdade?

Partindo da concepção da escrita como um processo de interlocução que envolve tanto a aquisição da escrita do sistema alfabético/ortográfico quanto a compreensão e o uso da língua escrita nas práticas sociais, e ainda, que o domínio da leitura e da escrita são imprescindíveis para o acesso à sociedade letrada, evidencia-se como necessária uma mediação docente pautada no respeito à diversidade e, ao mesmo tempo, comprometida com o "Ser Mais", conforme a concepção freiriana.

No entanto, considerando que o espaço prisional se caracteriza pela repressão violenta ao indivíduo tanto nos seus aspectos físicos de organização espacial quanto nos seus mecanismos internos de disciplinarização dos corpos (Foucault, 2005), e que essa "ortopedia social"[3] paradoxalmente impede a ressocialização. Deste modo, pretende-se abordar uma dimensão mais subjetiva da escrita: a escrita como caminho para se compreender e compreender o mundo.

Nesse contexto, o trabalho docente com as mulheres em privação de liberdade se constituiu como uma das possibilidades da educação restaurativa. Foi possível, a partir da escrita, que elas contextualizassem suas histórias e registrassem o seu jeito de ver, sentir ou pensar a própria vida. O processo da escrita permite ao sujeito a visualização de seu discurso. Ao escrever torna-se possível ver de fora o que se disse. A palavra dita é fluida, impossível de ser recolhida. A palavra escrita está disponível à leitura, à análise, pode ser apagada e reescrita. E pode, assim, ser um caminho ao encontro de si.

DESENVOLVIMENTO

O projeto de escrita, numa abordagem restaurativa, foi desenvolvido na PFP (Penitenciária Feminina do Paraná) com mulheres em privação de liberdade e educandas da Fase I (anos iniciais do Ensino Fundamental) e teve dois objetivos principais:

- Possibilitar a escrita de si como mapeamento interno e expressão dos desejos, limites e possibilidades.

- Propiciar espaços seguros e afetivos para a construção de outras formas de ser e estar no mundo.

Este projeto se ancorou teoricamente na compreensão da escrita como inscrição complexa do sujeito que escreve em um tempo e espaço que são vividos e permeados pelo sentir, sendo assim, um processo pautado pela emoção. Neste sentido, o conceito de emoção aqui apresentado é complementar e não oposto à razão, trata-se da corporificação da própria forma de existir, pois as emoções "são disposições corporais dinâmicas que definem os diferentes domínios de ação em que nos movemos. Quando mudamos de emoção, mudamos de domínio de ação" (MATURANA, 1998, p. 15).

Tratou-se, portanto, de uma proposta dialógica de conexão com sentimentos e emoções. Era preciso, em uma primeira abordagem, tirar o

---

[3] De acordo com Foucault (1997), as sociedades disciplinares adotam uma forma de poder ligado à *ortopedia social*, que tenta assegurar a ordenação das multiplicidades humanas. Trata-se de produzir corpos dóceis, eficazes economicamente e submissos politicamente. No sistema prisional ainda prevalece esse caráter disciplinador e punitivo que acaba por mascarar a identidade pela submissão.

foco do conteúdo, da informação e considerar o sentido, as experiências do vivido, as memórias e a vida no aqui e agora. Foi necessário identificar primeiro o sentimento para depois elaborar o pensamento.

Assim, na perspectiva de propiciar a ressignificação da identidade, ou seja, de possibilitar àquelas mulheres uma forma diferente de "Ser" e de "Estar" no mundo, adotou-se uma metodologia de vivências que foram desenvolvidas com o intuito de mobilizar para a escrita, uma vez que,

> Entendemos que a aprendizagem não se dá apenas pelo cognitivo, mas também pela percepção, pelo sensorial, pela intuição, enfim, pela vivência; que a consciência se incorpora ao âmbito da emocionalidade e o mundo vivo do educando passa a ser o que move a aprendizagem. O que podemos concluir é que o núcleo afetivo da existência está intrinsecamente vinculado à essência da nossa Identidade [...]. (CAVALCANTE, 2006, p. 27).

O Círculo Restaurativo foi escolhido como metodologia essencial na promoção de um espaço seguro no qual o grupo pudesse expor suas trajetórias permeadas de dores, faltas, arrependimentos e de desejos, amores e anseios.

A escolha dessa metodologia se deveu ao fato de que ela se constitui em um processo estruturado para organizar a comunicação em grupo de maneira horizontal e, intencionalmente concebido, para dar a todos o direito de dizer sua palavra e ser ouvido. O Círculo permite vivenciar uma filosofia de relacionamento e interconectividade que fortalece o indivíduo enquanto ser único e, ao mesmo tempo, reconhece a humanidade de todos. A vivência do Círculo fortalece valores e possibilita a ampliação da visão de si e do outro e, consequentemente, a mudança de comportamento em outras áreas da vida. De acordo com Boyes-Watson e Pranis,

> O alicerce da estrutura do círculo é formado por dois componentes: primeiro, valores que nutrem bons relacionamentos e, segundo ensinamentos chave que são comuns nas comunidades indígenas. [...] O círculo pressupõe que cada um carregue esses valores do seu melhor eu. Eles podem estar enterrados debaixo de camadas de hábitos baseados em valores contrários a eles, mas os valores do eu verdadeiro estarão mesmo assim presentes. (PRANIS, 2011, p. 36).

O projeto "A escrita que mora em mim" foi estruturado em três fases: (1) mobilização, (2) escrita e (3) partilha. Cada uma destas fases foi desenvolvida com diferentes estratégias de acordo com os objetivos propostos.

A fase da mobilização era iniciada por um Círculo Restaurativo, orientado por uma temática que contemplasse o grupo como um todo e ao mesmo tempo fosse trazendo à memória individual as trajetórias de vida. Vale ressaltar que as educandas já haviam participado de vários círculos e, portanto, conheciam as suas diretrizes e ritualística.

Na segunda fase, o trabalho de escrita foi desenvolvido primeiro com o aprofundamento do tema por meio de leituras expressivas e de trabalhos em grupo de representação plástica dos textos escolhidos: desenho, colagem e pintura. Em seguida, a proposta de produção textual era discutida em grupo para que não houvesse dúvidas quanto ao gênero e/ou conteúdo a ser registrado. Concomitantemente, fez-se escuta individual daquilo que elas queriam registrar. Além disso, essa fase compreendia a escrita livre e a reescrita o mais próximo possível da língua padrão.

A terceira e última fase consistiu na partilha das produções. Os textos foram lidos e apreciados pelo grupo, foram elaborados painéis e livros artesanais ressaltando-se os nomes das autoras como uma provocação amorosa para o reconhecimento de suas potencialidades.

A construção da mobilização para o processo de escrita e participação se consolida em algumas bases teóricas necessárias à compreensão das intencionalidades desta fase. Originário do Latim, *mobilis*, o conceito de "mobilização" diz respeito àquilo que que pode mudar de lugar (https://www.dicio.com.br). Aquilo que é capaz de *movere*, ou seja, mudar de lugar, mover, deslocar. Para os autores Toro e Werneck (1996, p. 5), "Mobilizar é convocar vontades para atuar na busca de um propósito comum, sob uma interpretação e um sentido também compartilhados".

Assim, a mobilização para a escrita pode ser compreendida como a identificação do desejo e convocação do sujeito a se inscrever por meio do signo escrito em um movimento de autocriação. Autocriação porque escrever sobre si exige olhar para si mesmo e buscar recursos para se compreender e se recriar. Pelo viés literário, de acordo com Lispector (1999, p. 134): "Escrever é procurar entender, é procurar reproduzir o irreproduzível, é sentir até o último fim o sentimento que permaneceria apenas vago e sufocador. Escrever é também abençoar uma vida que não foi abençoada".

Essa compreensão do processo de escrita também encontra respaldo no conceito de *autopoiésis* (MATURANA, 1995), pois considera que o conhecimento se organiza a partir das exigências internas do sujeito, ou seja, frente aos estímulos do meio, o indivíduo acaba por transformá-los de acordo com seus desejos e necessidades em um processo de recriação de si mesmo.

Nesse sentido, a mobilização para o ato da escrita precisa ser pensada como um contínuo "escavar" de possibilidades de sentido para o discurso ignorado, não visto, ou silenciado. Para Charlot (2000), mobilizar significa pôr recursos em movimento, reunir forças para colocar a si mesmo como recurso. É nessa direção que as práticas docentes, na perspectiva de uma educação restaurativa, precisam convergir.

Em uma primeira abordagem, é preciso que a mobilização para a escrita no espaço prisional seja pensada como maneira de acolher os *"habitus dilacerados"*[4] aceitando suas trajetórias e, ao mesmo tempo, sinalizando outras rotas.

Na experiência em tela, escolhemos o Círculo Restaurativo como estratégia de mobilização para a escrita, pois essa metodologia enfatiza e valoriza a palavra de cada sujeito. De acordo com Freire (1987, p. 13), "[...] com a palavra o homem se faz homem. Ao dizer sua palavra, pois, o homem assume conscientemente a sua condição humana".

A escolha da temática dos círculos foi pautada pela significação do tema para as educandas e na perspectiva do texto a ser proposto. No entanto, não foi estabelecida nenhuma ligação com o gênero textual a ser desenvolvido. O que importava era reconhecer essas mulheres em sua humanidade, acolher suas histórias, necessidades e visões de mundo.

Na vivência do Círculo Restaurativo, sob o pressuposto da horizontalidade, éramos todas (educadora e educandas) mulheres tecendo em palavras a própria vida.

Sobre a vivência do Círculo Restaurativo as educandas relataram:

> "Eu achei o círculo da construção da Paz muito interessante, pois eu tive oportunidade de citar fatos da minha vida, que eu tinha vontade de contar e guardava somente no meu pensamento e no meu coração" (*sic*).

> "O Círculo é um momento que deixa a gente mais forte. A gente se sente gente" (*sic*).

> "Essa roda faz a gente pensar, escutar o jeito do outro pensar. Todo mundo é igual e diferente" (*sic*).

---

[4] "[...] um sistema de disposições duráveis e transponíveis que, integrando todas as experiências passadas, funciona como uma matriz de percepções, de apreciações e de ações [...]" (BORDIEU, 1983, p. 65).

> "Estou aprendendo a ouvir e a entender que todo mundo é bom e ruim ao mesmo tempo. Cada um tem a sua história" (sic).
>
> "Gostei de ser ouvida assim com tanto respeito. Na roda a gente se vê tudo igual. Descobri que a minha história é parecida e diferente da história dos outros" (sic).

Devido aos cuidados inerentes ao espaço prisional, o círculo ocupava todo o horário da aula que era finalizada com a cerimônia de encerramento, que faz parte de sua metodologia, e com os agradecimentos e expressões do grupo.

No dia seguinte, e tomando como base a vivência anterior, é que se propunha a escrita de um texto. Essa proposição foi sempre feita como um convite e, considerando o nível de apropriação da leitura e da escrita da turma, aquelas que ainda não sabiam escrever diziam o que tinham vontade de escrever e nesse caso, a educadora se fazia em escriba.

No entanto, antes da escrita o tema ainda era trabalhado com leituras, pequenos filmes, conversas... Desta forma, elas iam vendo maneiras diferentes de falar de si, entravam em contato com imagens relacionadas ao tema, metáforas, descrições, enfim, iam se alimentando das palavras de outros para só então escrever as suas palavras.

O processo de escrita ocorria, geralmente, dois ou três dias depois da proposta de produção ser formalizada. O enunciado era registrado no quadro ou numa folha apropriada e elas escreviam. Aquelas com menor experiência de escrita ficavam perto da grade para que eu pudesse ajudá-las. Em algumas turmas, as que não sabiam nem traçar as letras disseram para mim, em voz baixa e úmida de emoção os textos que a dor, a saudade, a memória ou mesmo a esperança lhes ditava. E eu escrevia, sempre com imenso respeito ao humano que se revelava a mim.

Elas sentiam esse respeito e até comentavam entre si quando me viam esboçar um sorriso ou apertar os olhos de emoção diante das histórias tão duras: "A professora gostou" ou "A professora tá quase chorando". Eu procurava então sempre algo para comentar de cada texto, deixando explícito o meu interesse pela escrita de cada uma. E esta acolhida ao texto delas fortalecia nosso vínculo e despertava nelas o desejo de escrever mais.

Diante das perguntas: Está certo, professora? Dá para entender? A senhora entendeu? Posso escrever esse texto na carta que vou mandar?, etc. Eu fazia o novo convite: Vamos corrigir os erros? Vamos ilustrar cada texto e fazer um mural com eles? Vamos fazer um livro?

Estava vivo o sentido da escrita. De acordo com Barthes (2004a), escrevemos para "produzir sentidos novos, ou seja, forças novas, apoderar-me das coisas de um modo novo, abalar e modificar a subjugação dos sentidos" (BARTHES, 2004a, p. 101-102).

Na perspectiva da apropriação da norma culta, a partir dessa produção, cabe ao docente elaborar diversas atividades de análise linguística. No entanto, na abordagem da escrita como prática restaurativa não nos cabe, nesse texto, adentrar nestas descrições.

O que é preciso ressaltar é o caráter humanizador da escrita enquanto inscrição do sujeito em um tempo e espaço e recriação de si mesmo. Nesse enfoque, e em especial, na educação em prisões, é necessário que a prática docente esteja ancorada nos pressupostos do Amor enquanto aceitação do outro. Para Maturana (1998):

> O amor é o fundamento do social, mas nem toda convivência é social. O amor é a emoção que constitui o domínio de condutas em que se dá a operacionalidade da aceitação do outro como legítimo outro na convivência, e é esse modo de convivência que conotamos quando falamos do social. Por isso, digo que o amor é a emoção que funda o social. Sem a aceitação do outro na convivência, não há fenômeno social. (MATURANA, 1998, p. 23).

Assim, é preciso ver com outras lentes o texto escrito, concentrar o olhar nos aspectos da singularidade como traço único, no jeito específico do indivíduo de perceber a realidade, identificar as marcas do sujeito impressas no texto pela forma como ele vê o mundo e como se vê nele, ou seja, a sua identidade.

Deste modo, ao se assumir a escola no sistema prisional como lugar de construção da autonomia e de restauração do sujeito, o ensino da escrita pode ser ressignificado como um procedimento de autoria e de recriação de si, e se constituirá

> [...] para além de sua função exclusivamente instrumental, [...] como um objeto de estudo que carrega em si traços, marcas e rastros de um sujeito autor atravessado por seu inconsciente e seu desejo, os quais imprimem no texto escrito a autoria ou a assinatura desse sujeito-autor. (AGUIAR, 2010, p. 18).

No espaço da prisão, a lição primeira do educador restaurativo é saber encontrar o fio capaz de conectar o que nós, educadores, queremos partilhar com o que eles, educandos, também querem, mesmo que seja de modo inconsciente, pois "Existe um desejo humano universal de estar ligado aos outros de forma positiva" (PRANIS, 2010, p. 39). Assim, a vivência do Círculo e dos valores restaurativos, no contexto prisional, se apresentou como um ponto de partida para um projeto de cartografia na ressignificação da identidade das educandos privadas de liberdade na perspectiva do resgate de sua humanidade.

A terceira fase do projeto compreendeu a partilha dos textos produzidos entre as educandas da turma. Às vezes eu iniciava a aula com um texto delas, ou passava no quadro quando elas manifestavam vontade de registrar no caderno. Já nesse momento, eu chamava a atenção para que a autoria fosse respeitada. Deste modo, após o texto, assim como nos textos de outros autores vinha a indicação: "Autora". E em seguida o nome de quem havia escrito.

Essa simples atitude as empoderava. Eu ouvia: "Olha aí você", "Nossa! Sou uma escritora!", "Quem diria hein? Eu autora!". E assim ia se construindo naquelas mulheres uma autoria para além do delito, uma outra forma de Ser e de Estar no mundo.

Durante os dois primeiros anos a partilha dos textos ficou restrita ao grupo. Foi em 2018 que juntamos os textos delas com os textos de outras turmas, além de desenhos, e formamos um pequeno livro simples e artesanal (Figura 1).

No encerramento do ano letivo, com as turmas reunidas em um espaço externo, entregamos a cada educanda autora um livro. Foi um momento emocionante porque elas receberam esse livro como uma lembrança ou um sinal do que elas podiam desejar para si.

Figura 1 – *"A escrita que mora em mim"*

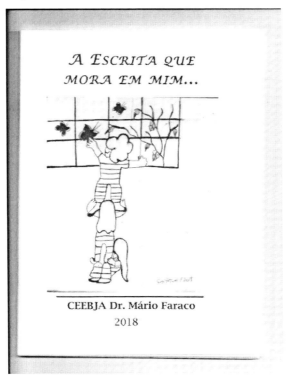

Fonte: acervo fotográfico da autora (2021)

No ano seguinte, entreguei esse livro a cada aluna no primeiro dia de aula. Algumas das autoras faziam parte da turma e mais uma vez pude sentir a satisfação delas de verem suas escritas valorizadas, lidas por outras pessoas. Esta confirmação de suas potencialidades abria espaço para uma aprendizagem mais significativa, pois ousar ser um educador restaurativo no sistema prisional significa

> [...] ter coragem para falar de liberdade onde a disciplina e a submissão impera; é falar de autonomia onde não são os presos que determinam sua rotina; é falar de esperança quando o tempo é marcado por pesadelos; é o lugar da ética contra toda uma estrutura de violência e corrupção e por fim é falar de boniteza (sobre a estética) onde as tintas perderam suas cores. (LEME, 2007, p. 147).

No decorrer do ano letivo de 2019, algumas educandas deixaram de frequentar a escola, pois esse é um fato muito comum devido às especificidades do sistema prisional: mudança de galeria, opção pelo canteiro de trabalho, liberdade, entre outros. E ao mesmo tempo, novas educandas foram matriculadas. Dessa maneira, um novo grupo se formou exigindo abordagens diferenciadas, pois, de acordo com Arroyo (2014), outros sujeitos exigem práticas orientadas por outras concepções.

Embora em essência o projeto de escrita restaurativa tenha sido mantido, esse novo grupo demonstrou maior interesse pelo gênero poético. Juntas, nós lemos Cora Coralina, Drumond, Helena Kolody, entre outros e outras poetas. Então, de maneira natural, a proposta de produção foi a escrita no gênero poético, tendo sido escolhido o haicai. Sobre este gênero eu mesma escrevi no prefácio do novo livro "A escrita que mora em mim II":

> *"O trabalho desenvolvido na turma de Fase I da Penitenciária Central Feminina não teve como objetivo a apropriação do gênero haicai em sua dimensão estilística da forma, mas sim, o resgate do momento vivido e da apreciação poética da imagem e da palavra".*

Esse livro, diferentemente do primeiro, apresentou, além do texto escrito, o texto imagético. Assim, integramos o trabalho da professora de Língua Portuguesa da Fase II e Ensino Médio e o trabalho da professora de Arte que orientou a interpretação plástica dos textos por meio da técnica da xilogravura (Figura 2). Essa interação tornou o processo ainda mais dialógico e significativo ao possibilitar outros olhares, outras leituras, tanto entre as docentes de áreas distintas que atuavam na mesma unidade prisional, quanto entre as educandas de níveis diferenciados de letramento e de diferentes galerias.

Desse modo, cada haicai produzido foi interpretado e representado por um desenho em xilogravura de outra educanda, como pode ser visto no exemplo abaixo:

Figura 2 – Representação plástica de autoria de educanda da fase II

Fonte: acervo fotográfico da autora (2021)

Eu ia com meu pai pescar
Era criança no barco a navegar...
E era lindo!
(Autora do haicai: Educanda Fase I)

Considerações Finais

A descrição dessa experiência objetiva mostrar o ensino e a prática da escrita no trabalho pedagógico com mulheres apenadas como um possível caminho para a restauração da sua humanidade, permanentemente ignorada, na ótica punitiva da sociedade.

Não se trata de um roteiro ou receita, mas sim de uma reflexão sobre a abordagem restaurativa da escrita quando ela é mediada por uma prática docente centrada na amorosidade como princípio educativo.

Nessa perspectiva, ao se propiciar a essas mulheres a escrita de si, foi possibilitado a elas a construção de uma autoria para além do delito. Ao resgatar a singularidade pessoal, materializada nos textos produzidos, em um processo de ressignificação de suas identidades, talvez tenhamos também possibilitado sua regeneração, não no sentido da conversão religiosa, mas no sentido da vivificação do Ser Humano que nos habita.

Referências

AGUIAR, Eliande Aparecida de. **Escrita, autoria e ensino**: um diálogo necessário para pensar a constituição do sujeito autor no contexto escolar. São Paulo: 2010. p. 306. Tese de doutorado.

ARROYO, Miguel. **Outros Sujeitos, Outras Pedagogias**. Petrópolis: Vozes, 2014.

BARTHES, Roland. **Inéditos I**: teoria. São Paulo: Martins Fontes, 2004.

BORDIEU, Pierre. **Sociologia**. ORTIZ, R. (org.). São Paulo: Ática,1983.

BOYES-Watson, Carolyn. PRANIS, Kay. **No coração da esperança**: Guia de práticas circulares. Tradução de Fátima De Bastiani. Porto Alegre: Tribunal de Justiça do Estado do Rio Grande do Sul, Departamento de Artes Gráficas, 2011.

CAVALCANTE, Ruth et al. **Educação Biocêntrica**: Um portal de acesso à Inteligência Afetiva. Dialógica. 3. ed. Fortaleza: Edições CDH, 2006.

CHARLOT, Bernard. **Da relação com o saber**: elementos para uma teoria. Porto Alegre: Artes Médicas, 2000.

FOUCAULT, Michel. **Vigiar e punir**. Petrópolis: Vozes, 1977.

FOUCAULT, Michel. **Vigiar e punir**: Nascimento da prisão. 30. ed. Petrópolis: Editora Vozes, 2005.

FREIRE, Paulo. **Pedagogia do oprimido**. Rio de Janeiro: Paz e Terra, 1987.

IRELAND, Timothy Denis. Educação em prisões no Brasil: direito, contradições e desafios. **Em Aberto**, Brasília, v. 24, n. 86, p. 19-39, nov. 2011. [Dossiê Educação em prisões, organizado por IRELAND, Timothy Denis]. Disponível em: http://rbep.inep.gov.br/ojs3/index.php/emaberto/article/view/2714. Acesso em 19 jan. 2021.

LEME, José Antonio Gonçalves. **Uma reflexão sobre o sentido da educação nos presídios**. UFSCAR. São Carlos, 2007.

LISPECTOR, Clarice. **A descoberta do mundo**. Rio de Janeiro: Rocco, 1999.

MATURANA, Humberto. **Emoções e linguagem na educação e na política**. Tradução de José Fernando Campos Fortes. Belo Horizonte: Ed. UFMG, 1998.

PRANIS, Kay. **Processos Circulares**. Tradução de Tônia Van Acker. São Paulo: Palas Athena, 2010. p. 39.

TORO, José Bernardo; WERNECK, Nísia Maria Duarte Furquim. **Mobilização social**: um modo de construir a democracia e a participação. Autêntica Editora LTDA, 1996. 104 p.

SOBRE OS AUTORES

Andrea Luiza Curralinho Braga
É assistente social, professora da Escola de Educação e Humanidades da PUC-PR, integra o Núcleo de Direitos Humanos da mesma universidade. Doutora e Mestre em Políticas Públicas Políticas Públicas na UFPR. Pesquisadora do Observatório dos Conselhos na UFPR e do Pró-ética na PUCPR. Linhas de pesquisa: democracia, territórios e cidades.
Orcid: 0000-0002-0233-3496

Bruna Tibolla
É Psicóloga, Doutoranda do Programa de Mudança Social e Participação Política da Escola de Artes, Ciências e Humanidades da Universidade de São Paulo - EACH/USP. Mestra em Ciências com foco Mudança Social e Participação Política pela Universidade de São Paulo - USP. Linhas de pesquisa: Mudança Social, Práticas Restaurativas e Educação.
Orcid: 0009-0003-8433-3389

Celia Aparecida Bernardes da Silva
É Psicóloga pela PUC Campinas SP, com especialização em Terapia de Casal e Família pelo Instituto FAMILIAE (SP) e em Mediação de Conflitos na abordagem Transformativa Reflexiva pelo Instituto FAMILIAE (SP). Formação em facilitação em Práticas de Justiça Restaurativa em diversos contextos e publicação de vários de vários livros sobre práticas restaurativas.

Cezar Bueno de Lima
É Cientista Social e professor do curso de graduação em Ciências Sociais e do Programa de Pós-Graduação (mestrado e doutorado) em Direitos Humanos e Políticas Públicas - PPGDH/PUCPR. Linha de pesquisa: Políticas Públicas, Democracia e Educação em Direitos Humanos. Bolsista produtividade CNPq.
Orcid: 0000-0002-7725-010X

Emerson Moreira Gonçalves
É Graduado em Serviço Social pela UNG- SP. Especialista em Escolas Restaurativas com Enfoque em Direitos Humanos pela PUC-PR e Especialista em Violência Doméstica no Instituto Sedes Sapientiae SP. Mestre em Ciências pela Universidade de São Paulo USP. Como profissional do Serviço Social possui experiências em Políticas Públicas como Habitação, Assistência Social, Saúde e Educação. Atualmente é consultor técnico da rede de educação básica da cidade de São Paulo e Analista Social da Regional SP - Marista Brasil.
Orcid: 0009-0000-0870-9282

Jane Cleide Alves Hir
É Mestra em Educação – UFPR. Professora de Língua Portuguesa, Especialista em Educação de Jovens e Adultos, Especialista em Práticas Restaurativas com enfoque em Direitos Humanos – PUC/PR. Especialista em Psicologia Positiva, Neurociências e Mindfulness – PUC/PR. Facilitadora de Práticas Restaurativas - ESEJE- 2017 e SCJR/COONOZCO. Articulista da Revista Digital Cidade Capital. Produtora de conteúdo digital.
Orcid: 0000-0003-1407-8733

Márcia Regina Nogueira Soares
É Pedagoga, especialista em Gestão Empresarial pela Faculdade Machado Sobrinho, especialista em Educação Ambiental pela UFJF, especialista em Escola Restaurativa com enfoque em Direitos Humanos pela PUCPR. Participa do Grupo de estudos de Neurociência e Educação da USP, em Ribeirão Preto. Aluna do curso Arquimediar, curso de mediação e conciliação judicial. Atualmente trabalha como assistente pedagógica da Escola Social Marista Ir. Rui.
Orcid: 0009-0000-2686-0680

Raimunda Caldas Barbosa

É Mestre em Direitos Humanos e Políticas Públicas pela PUCPR, graduada em Serviço Social pela UCSAL e Pedagogia pela UNIASSELVI. Atualmente, atua na Coordenação do Social e Público do Marista Brasil, realiza formação das equipes, assessoria e elaboração de materiais de apoio para atuação delas nas temáticas de Direitos Humanos (violência em geral, bullying, violência sexual, vulnerabilidade social, proteção integral, revelação espontânea, entre outros) e Práticas Restaurativas (prevenção e manejo de conflitos).
Orcid: 0000-0003-8433-3389

Roberto Lucas Junior

É Pedagogo pela Universidade Cidade de São Paulo e Licenciado em Educação Física pela mesma universidade. Coordenador Pedagógico do Ensino Fundamental Anos Finais (6 ao 9) e do Ensino Médio (1 ao 3) no Marista Escola Social Ir. Lourenço, São Paulo - SP. Pesquisador e assessor nas áreas de Mediação de Conflitos, Práticas Restaurativas, Comunicação Não-violenta e práticas democráticas. Aluno da pós-graduação em Gestão Executiva Escolar pela PUC-PR e Mestrado da USP nos Programas de Mudança Social e Participação Política e Estudos Culturais em 2020. Pós-graduado em Escolas Restaurativas com Enfoque em Direitos Humanos, pela PUC-PR, Especialização em Educação em Valores Humanos (Programa Sathya Sai).
Orcid: 0009-0006-2653-2963